Aleandro Reis

VENDAS PODEROSAS
PARA ADVOGADOS DE SUCESSO

Domine estratégias modernas
e acelere sua cerreira

Aleandro Reis

VENDAS PODEROSAS
PARA ADVOGADOS DE SUCESSO

Domine estratégias modernas
e acelere sua carreira

Dados para catalogação

REIS, Aleandro. **Vendas poderosas para advogados de
sucesso: domine estratégias modernas e acelere sua
carreira**. Brasília, 2023.

Sumário

Agradecimentos

Quero expressar minha profunda gratidão a Deus por tornar possível a realização de um sonho que acalentava desde minha adolescência. Hoje, apresento mais uma prova da fidelidade Divina em minha vida e dedico toda honra e glória a Ele.

Agradeço de todo coração aos meus amados pais e, ao expressar minha gratidão a eles, estendo esse sentimento a toda minha família. A criação que recebi deles foi de extrema importância para que eu pudesse chegar até este momento.

Também quero agradecer à minha esposa Daiane Teixeira, minha companheira e opositora. Seu apoio e até mesmo suas objeções foram fundamentais para que nosso lar não fosse levado ao fracasso. Encontro inspiração na descrição da mulher virtuosa na Bíblia Sagrada e posso dizer que a encontrei em minha esposa.

Não posso deixar de mencionar a chegada do meu amado filho, que carrega o mesmo nome que eu. Sua vinda ao mundo me causou apreensão, mas foi o ponto de partida para uma transformação completa em minha vida. Ele é a prova viva de que este livro chamado vida pode nos surpreender de maneiras incríveis.

Também desejo expressar minha gratidão aos meus amigos, especialmente aqueles que se tornaram mais do que irmãos.

Neste momento de agradecimento, sinto-me abençoado por cada pessoa que fez parte da minha jornada. Sei que há muitos outros a quem devo minha gratidão, mas o importante é que todos vocês são testemunhas do quanto sou grato. Que possamos continuar a compartilhar momentos especiais e construir memórias inesquecíveis juntos.

Aleandro Reis

Prefácio

Caro leitor,

Nos últimos tempos temos experimentado uma modernização exponencial de todas as áreas da vida e, com a advocacia não foi diferente. O que nos obriga a revisitar antigos dogmas e adequá-los ao nosso mundo atual.

Para garantir o sucesso profissional na advocacia, o exclusivo estudo do direito já não é o bastante. O mercado jurídico, a cada dia que passa, sofre com o aumento da concorrência, com a multiplicação das áreas do direito e com a introdução das IA's (inteligências artificiais), exigindo que o advogado amplie seus horizontes para outros campos do conhecimento humano, como o da técnica negocial.

É exatamente nesse sentido que o Autor da presente obra 'Vendas Poderosas para Advogados de Sucesso: Domine Estratégias Modernas e Acelere Sua Carreira' foi buscar na estratégia de vendas formas de aprimorar o trabalho do advogado e deixá-lo preparado para enfrentar os desafios do mercado atual.

Nessa nova visão sobre a importância "das vendas" no contexto jurídico, serão apresentadas técnicas fundamentais e dicas facilitadoras para impulsionar a carreira dos advogados fazendo com que conquistem novos clientes, abram novas oportunidades em sua carreira e se destaquem num mercado tão complexo e competitivo.

Como foi dito em linha a frente, este é um guia prático para aqueles advogados que buscam aprimorar suas carreiras ensinando-os estratégias eficazes aprendidas no dia a dia, que potencializam o sucesso na advocacia revolucionando a maneira como os advogados vendem suas habilidades, como atingem a excelência no atendimento aos clientes, como fazem prospecção de clientes e as técnicas persuasivas de negociação.

Construa uma marca pessoal forte e confiável através de estratégias de marketing pessoal, onde o advogado é o próprio produto, desenvolva habilidades essenciais de atendimento e crie vínculos firmes e longevos com seus clientes. Só com um trabalho dedicado de pós-venda, métricas de desempenho e avaliação de resultados, o advogado fidelizará seu cliente e garantirá a esperada excelência nos serviços prestados.

O autor consegue de forma maestral discutir as questões éticas da advocacia, demonstrando como é possível compatibilizar o código de ética da OAB às práticas de mercado e técnicas de vendas para os serviços jurídicos. Deixa claro como é primordial que TODAS as normas existentes no código de ética da OAB sejam obedecidas.

Por fim, analisa as tendências e perspectivas futuras da advocacia, ajudando o leitor a preparar-se para os desafios e oportunidades que o futuro trará para esse campo essencial da profissão jurídica.

Everardo Ribeiro Gueiros Filho*

---

*. Everardo Ribeiro Gueiros Filho é um advogado, palestrante e escritor. Ele ocupou diversos cargos de destaque, incluindo diretor do Clube dos Advogados de Pernambuco, diretor da Escola Superior de Advocacia Ruy da Costa Antunes, diretor da Escola Superior de Advocacia, conselheiro da Seccional da OAB-PE no triênio 2004/2006, Desembargador e Membro Titular do Tribunal Regional Eleitoral do Distrito Federal – TER/DF em 2016, presidente da Caixa de Assistência dos Advogados do Distrito Federal, Secretário de Estado de Projetos Especiais do Distrito Federal – SEPE/DF (2019), e membro de academias e conselhos relevantes. Sua carreira é marcada por conquistas notáveis e contribuições significativas em várias áreas.

Introdução

No competitivo mundo jurídico, ser um advogado talentoso e conhecedor das leis já não é o suficiente para garantir o sucesso profissional. Em uma era em que o mercado é altamente disputado e as demandas dos clientes estão em constante evolução, os advogados que desejam se destacar devem expandir suas habilidades além do domínio jurídico.

Por muito tempo, a ideia de que advogados não precisam se preocupar com vendas tem prevalecido, mesmo que inconscientemente, deixando muitos profissionais despreparados para enfrentar os desafios do mercado atual. No entanto, a realidade é que a advocacia é um negócio e, como tal, exige estratégias eficazes de vendas para prosperar.

Prepare-se para desvendar os segredos por trás do sucesso dos advogados mais renomados. Ao longo das próximas páginas, você terá acesso a ferramentas e *insights* valiosos que irão impulsionar suas habilidades de vendas e abrir novas oportunidades em sua carreira.

Aprenda a construir uma marca pessoal irresistível, capaz de atrair e conquistar a confiança de seus clientes. Descubra como se destacar em um mercado cada vez mais competitivo, desenvolvendo habilidades essenciais de atendimento ao cliente e estabelecendo um relacionamento sólido e duradouro com aqueles que confiam em seus serviços.

Com uma abordagem inovadora e uma linguagem envolvente, este livro se propõe a ser um guia prático e abrangente para aqueles advogados que buscam aprimorar suas técnicas de vendas e conquistar um diferencial competitivo no mercado. Longe de ser apenas um manual teórico, esta obra apresenta ao leitor estratégias eficazes, aprendidas na prática, para potencializar o sucesso na advocacia.

Dividido em dez capítulos instigantes, cada um com enfoque específico, promete revolucionar a forma como os advogados enxergam a necessidade e a importância de se envolverem com o mundo das vendas. No primeiro capítulo o autor expõe as bases fundamentais desse conceito e desmistifica a ideia de que a venda está distante do universo jurídico.

Em seguida, os leitores serão conduzidos pelo caminho para a Excelência no Atendimento, entendendo como a relação com o cliente é um fator crucial para o sucesso de qualquer advogado. A construção de uma marca pessoal irresistível é abordada no capítulo três, destacando a importância de transmitir confiança e credibilidade em um mercado cada vez mais competitivo.

Os capítulos subsequentes abordam temas igualmente essenciais, como as estratégias modernas de prospecção de clientes, a arte da venda consultiva e as técnicas persuasivas de negociação. Além disso, o livro explora o valor do acompanhamento pós-venda na criação de relacionamentos duradouros com os clientes e o papel das métricas e da avaliação de desempenho nas vendas jurídicas.

Não menos importante, o livro reserva um capítulo para discutir a ética na venda jurídica, demonstrando como é possível alinhar o código de ética da OAB às práticas comerciais. Por fim, abordaremos o futuro das vendas para advogados de sucesso, trazendo uma visão panorâmica das tendências e transformações que moldarão o futuro da advocacia e a importância de se manter atualizado e adaptável.

Com uma linguagem acessível, mas sem renunciar ao rigor acadêmico, "Vendas Poderosas para Advogados de Sucesso" é um convite para que os advogados se posicionem como empreendedores de suas próprias carreiras. Ao longo deste livro, o leitor será desafiado a repensar conceitos e a desenvolver habilidades que vão muito além do conhecimento jurídico, despertando um novo olhar sobre o potencial de vendas presentes em sua prática profissional.

Portanto, esteja preparado para embarcar em uma jornada transformadora, na qual você descobrirá que as vendas são uma parte intrínseca do sucesso na advocacia. Domine estratégias modernas, aprimore suas habilidades e impulsione sua carreira como um advogado destacado. Acredite no seu potencial e aceite o desafio de se tornar um advogado completo e verdadeiramente bem-sucedido. Não permita que seus sonhos sejam interrompidos e não se contente com a mediocridade, pois você foi destinado a ser excelente. Não se deixe abater pela dor do crescimento, seja persistente, pois seu sucesso depende disso. Não desista no meio do caminho, pois só termina quando Deus assim o determina.

Capítulo 1
O Poder das Vendas para Advogados

O mundo da advocacia está em constante evolução, e aqueles que desejam ter sucesso precisam estar dispostos a abraçar as mudanças e adotar novas estratégias. Nesse cenário, um aspecto muitas vezes negligenciado pelos advogados é o poder das vendas. Afinal, vender não é apenas uma atividade reservada aos comerciantes; é uma habilidade essencial para qualquer pessoa, incluindo advogados.

No entanto, muitos advogados relutam em abraçar o aspecto das vendas. Eles acreditam que seu trabalho fala por si e que os clientes virão naturalmente. Infelizmente, essa mentalidade limitada pode levar a uma série de desafios. A verdade é que mesmo os melhores advogados precisam ser capazes de vender seus serviços para se destacar em um mercado altamente competitivo.

O primeiro passo para entender o poder das vendas para advogados é compreender que a venda não é apenas uma questão de persuadir alguém a comprar algo. Trata-se de construir relacionamentos sólidos e duradouros com os clientes, entender suas necessidades e oferecer soluções personalizadas. Vendas tem a ver com influenciar a mudança, e isso começa com mudar a si próprio e então, ajudar os outros a irem além do *status quo*.

Os advogados que dominam a arte das vendas são capazes de se comunicar de forma clara e convincente, transmitindo confiança e conhecimento aos seus potenciais clientes. Eles sabem como se posicionar como especialistas em suas áreas de atuação, destacando os benefícios de contratar seus serviços e ressaltando a importância de uma representação legal adequada.

Além disso, os advogados de sucesso compreendem a importância de ouvir atentamente seus clientes. Eles entendem que cada caso é único e que cada cliente tem preocupações e expectativas diferentes. Ao mostrar interesse genuíno pelas necessidades do cliente, os advogados são capazes de criar uma conexão emocional e estabelecer uma relação de confiança, pois o sentimento mais poderoso que se pode despertar em outra pessoa é o de se sentir importante. Afinal as pessoas compram pelas razões delas e não pelas suas.

Atualmente, os clientes têm mais poder, mais ferramentas, mais informação, mais controle do que em qualquer outra época. A tecnologia está acelerando mudanças disruptivas. É simples obter informações sobre determinado assunto ou processo, basta alguns cliques. Os profissionais do direito precisam cada vez mais oferecer *insights*, ensinar e agregar valor.

Nesse novo paradigma o profissional deve ter consciência de que a experiencia emocional de compra de seus clientes é mais importante que serviços, preços. Precisam ser valiosos, por meio de relações humanas, agregando valor aos seus serviços.

Advogados vendedores são indivíduos inteligentes, observadores argutos e curiosos insaciáveis. Eles se destacam pela capacidade e talento inatos de associar ideias, dados e padrões díspares e usá-los para oferecer soluções criativas para os problemas apresentados.

É importante acrescentar que, estatisticamente, pessoas com QI acima da média são mais propensas a ler livros e a buscar novos conhecimentos. Portanto, você provavelmente tem o QI acima da média, no entanto, não é suficiente. Alto desempenho exige capacidade intelectual inata combinada com inteligência adquirida, inteligência tecnológica e inteligência emocional, neste caso, específica em vendas.

Em Provérbio 15:14 encontramos a seguinte afirmação: *"Quem é sábio procura aprender, mas os tolos estão satisfeitos com sua própria ignorância."* (Bíblia Sagrada – Nova Tradução na Linguagem de Hoje, NTLH). Dito isso, a escolha entre ser sábio ou não é sua.

Outro aspecto fundamental das vendas para advogados é a capacidade de lidar com objeções. Nem todos os clientes estarão prontos para fechar um contrato imediatamente, e é papel do advogado saber contornar as dúvidas e objeções que possam surgir. Isso requer habilidades de negociação e persuasão, bem como um conhecimento profundo dos serviços oferecidos.

É importante ressaltar que o poder das vendas para advogados vai além da aquisição de novos clientes. Também envolve a fidelização daqueles que já confiaram em seus serviços. Advogados que cultivam relacionamentos de longo prazo com seus clientes são mais propensos a receber indicações e recomendações, o que é essencial para o crescimento de sua prática jurídica.

Compreender o poder das vendas é o primeiro passo para alcançar o sucesso na advocacia. No próximo tópico, exploraremos em detalhes a importância das vendas para o advogado, discutindo como essa habilidade pode impulsionar a carreira e abrir novas oportunidades. Prepare-se para descobrir como vender não é apenas uma atividade comercial, mas sim uma ferramenta poderosa para alcançar o reconhecimento e a excelência na advocacia.

Compreendendo a Importância das Vendas para o Sucesso na Advocacia

Ao adentrarmos no mundo da advocacia, é comum nos depararmos com a imagem tradicional do advogado, dedicado exclusivamente ao estudo das leis, imerso em doutrinas e jurisprudências. No entanto, essa visão restrita negligencia um elemento essencial para o sucesso nessa profissão: o poder das vendas.

Em um cenário altamente competitivo, no qual talentos jurídicos são numerosos, a habilidade de vender torna-se uma vantagem significativa para os advogados. Não se trata apenas de persuadir clientes a contratar nossos serviços, mas de estabelecer relacionamentos duradouros e construir uma reputação que nos destaque entre os demais profissionais.

A venda na advocacia não se assemelha à típica abordagem agressiva e persuasiva dos vendedores tradicionais. É uma arte sutil, que demanda compreensão profunda das necessidades e preocupações dos clientes em potencial. O advogado vendedor precisa se colocar no lugar do cliente, oferecendo soluções que verdadeiramente agreguem valor e atendam às suas demandas.

O primeiro passo para se tornar um advogado vendedor é construir uma marca pessoal sólida. Nossa reputação e credibilidade são ativos valiosos, capazes de abrir portas e garantir a confiança dos clientes. Para isso, é necessário aprimorar constantemente nossas habilidades de comunicação e desenvolver relacionamentos sólidos. Ao conquistar a confiança do cliente, estaremos um passo à frente na busca pelo sucesso.

Outro aspecto fundamental é manter-se atualizado com as tendências do mercado jurídico. O advogado vendedor deve entender as necessidades de seus clientes e estar ciente das mudanças que ocorrem na área. Tornar-se um especialista em um nicho específico pode ser uma boa alternativa, buscando constantemente conhecimento e atualização para oferecer as soluções mais eficazes e atualizadas.

No entanto, é importante reconhecer que enfrentaremos desafios e estereótipos em relação às vendas jurídicas. Muitos advogados veem a ideia de "vender" seus serviços como algo incompatível com a ética profissional. No entanto, quando a venda é conduzida com integridade, com o objetivo de beneficiar o cliente, ela se torna uma ferramenta poderosa para alcançar o sucesso na advocacia.

Apresentaremos habilidades de vendas que impulsionem a carreira de qualquer advogado. Compreender a importância das vendas é abrir as portas para uma nova dimensão de sucesso profissional na advocacia.

À medida que avançamos nessa jornada, é crucial que nos mantenhamos comprometidos em aprimorar nossas habilidades de venda e comunicar o valor que oferecemos aos clientes. O sucesso na advocacia vai além do domínio das leis. Está intrinsecamente ligado à nossa capacidade de persuadir, influenciar e conquistar. Prepare-se para explorar o poder das vendas jurídicas e transcender os limites do sucesso em sua carreira.

Ao ler as páginas seguintes, você descobrirá como desenvolver uma abordagem empática e centrada no cliente, capaz de estabelecer conexões sólidas e duradouras. Aprenderá a identificar as necessidades e preocupações dos seus potenciais clientes, compreendendo seus desafios e oferecendo soluções jurídicas eficazes que atendam às suas demandas.

Além disso, exploraremos estratégias para construir sua marca pessoal como advogado vendedor. Você aprenderá como comunicar de forma clara e persuasiva o valor dos seus serviços, destacando suas habilidades, experiência e diferenciais competitivos. A construção de uma reputação sólida e confiável será um fator determinante para atrair e reter clientes.

Conforme avançamos na jornada, abordaremos também os desafios e estereótipos que podem surgir em relação às vendas jurídicas. É essencial enfrentar essas barreiras com determinação e habilidade, desconstruindo visões limitadas e demonstrando que a venda ética e eficiente é uma poderosa ferramenta para promover o sucesso na advocacia.

Ao desafiar os estereótipos e preconceitos, você abrirá caminho para uma nova perspectiva, na qual as vendas jurídicas se tornam aliadas indispensáveis para impulsionar sua carreira e alcançar seus objetivos profissionais.

Este livro servirá como seu guia para compreender e dominar o poder das vendas no contexto jurídico. Através do conhecimento adquirido e da aplicação das estratégias aqui apresentadas, você estará equipado para alcançar novos patamares de sucesso, superando os desafios e estereótipos que possam surgir no seu caminho.

Este é apenas o começo de uma jornada repleta de descobertas e aprendizados valiosos. Agarre esta oportunidade e mergulhe de cabeça no universo das vendas poderosas para advogados de sucesso. Seu potencial é imenso, e a conquista de resultados extraordinários está ao seu alcance.

Superando Desafios e Estereótipos em Relação às Vendas Jurídicas

Nos corredores imponentes dos tribunais e nos escritórios de advocacia, a palavra vendas muitas vezes é vista como um estranho intruso. Os advogados, com seu "juridiquês" e habilidades argumentativas afiadas, frequentemente menosprezam a importância das vendas em sua profissão. No entanto, neste momento, vamos desvendar o poder oculto das vendas para o advogado de sucesso e mostrar como superar os desafios e estereótipos que rodeiam essa prática.

Para compreender o poder das vendas para o advogado, é necessário primeiro reconhecer a verdade fundamental: a advocacia é, em essência, uma forma de venda. Advogados vendem seu tempo, experiência e habilidades para os clientes, persuadindo-os a confiar em sua capacidade de alcançar resultados desejados. Ainda assim, muitos advogados resistem a essa ideia, temendo que a busca de vendas possa comprometer sua integridade profissional.

Nada poderia estar mais distante da realidade. Na verdade, abraçar as técnicas de vendas pode fortalecer a posição do advogado no mercado e permitir que ele sirva melhor seus clientes. Ao dominar as habilidades de vendas, o advogado pode construir relacionamentos sólidos com clientes em potencial, comunicar-se de forma eficaz e destacar-se da concorrência acirrada. Não se trata de manipular ou convencer as pessoas a aceitarem algo que não desejam, mas de criar conexões genuínas e entender as necessidades dos clientes.

Um dos principais desafios que os advogados enfrentam ao adotar a mentalidade de vendas é a falta de tempo. Eles estão imersos em prazos processuais e pesquisas jurídicas complexas, o que deixa pouco espaço para a prospecção de clientes e o desenvolvimento de relacionamentos. No entanto, é crucial reservar um tempo para cultivar a base de clientes e estabelecer uma presença sólida no mercado. Um advogado bem-sucedido sabe que a dedicação a atividades de vendas é um investimento valioso no crescimento futuro de sua prática.

Outro estereótipo comum é a ideia de que as habilidades de vendas são inatas e não podem ser aprendidas. Alguns advogados acreditam que nasceram apenas para a advocacia e que a venda é uma habilidade distante e desconhecida. No entanto, assim como a prática jurídica, as técnicas de vendas podem ser aprendidas, aprimoradas e aperfeiçoadas com o tempo. Ao buscar treinamento especializado em vendas, os advogados podem adquirir as habilidades necessárias para se destacar na captação de clientes e no fechamento de negócios.

Um elemento-chave do poder das vendas para o advogado é a construção de uma marca pessoal sólida. Os advogados de sucesso não são apenas vistos como meros prestadores de serviços legais; eles são reconhecidos como especialistas em seu campo. Ao desenvolver uma imagem de autoridade, seja por meio de publicações, palestras, participações em painéis ou redes sociais, os advogados podem posicionar-se como líderes de pensamento e conquistar a confiança dos clientes em potencial.

No entanto, a venda não é apenas sobre autopromoção; é também sobre escutar e entender as necessidades dos clientes. Os advogados devem ser hábeis em fazer perguntas relevantes, demonstrar empatia e fornecer soluções personalizadas para os desafios jurídicos enfrentados pelos clientes. Ao adotar uma abordagem centrada no cliente, os advogados podem criar relacionamentos duradouros, baseados na confiança mútua e no entendimento profundo das necessidades específicas de cada cliente.

A tecnologia também desempenha um papel vital no poder das vendas para o advogado moderno. O uso estratégico de ferramentas de automação de vendas, *marketing* digital e gestão de relacionamento com o cliente pode ajudar os advogados a otimizar seu tempo e recursos, identificar *leads* qualificados e manter um contato constante com os clientes. Aproveitar as vantagens da tecnologia pode liberar os advogados de tarefas administrativas e permitir que se concentrem no que fazem de melhor: fornecer resultados jurídico excepcionais.

Advogados vendedores devem usar os três *As* em suas abordagens com a tecnologia. *Adote* novas tecnologias de vanguarda e explorem em proveito próprio, para conquistar vantagem competitiva. *Adapte* às novas tecnologias usando-as para automatizar tarefas de baixo valor, de modo a ter mais tempo para focar em atividades mais complexas, como interações humanas. *Agilize* o próprio desempenho integrando as tecnologias no dia a dia, tendo coragem em experimentar e aprender.

Não tenha dúvida, em um futuro muito próximo, teremos dois grupos de profissionais. O primeiro utilizará a tecnologia a seu favor e dirá às máquinas o que fazer. O segundo será substituído pelo primeiro.

É fundamental lembrar que as vendas não são um inimigo da advocacia; são um complemento poderoso. Ao abraçar as técnicas de vendas, superar desafios e romper estereótipos, o advogado de sucesso pode expandir sua prática, estabelecer-se como uma autoridade em seu campo e, acima de tudo, servir melhor seus clientes. O poder das vendas está ao seu alcance, advogado de sucesso. Agora é hora de agarrá-lo com determinação e confiança.

À medida que os advogados embarcam nessa jornada em direção ao poder das vendas, é importante lembrar que o aprendizado contínuo é essencial. Assim como as leis e regulamentos evoluem, as estratégias de vendas também se transformam com o tempo. Portanto, é fundamental estar aberto a novas ideias, técnicas e abordagens.

Uma das maneiras mais eficazes de aprimorar as habilidades de vendas é através da colaboração e troca de conhecimentos com outros profissionais. Participar de grupos de *networking* jurídico, eventos do setor e conferências pode fornecer *insights* valiosos, oportunidades de parceria e a chance de aprender com os sucessos e desafios de colegas.

Além disso, mentorias e treinamentos específicos em vendas jurídicas podem fornecer orientação personalizada e um roteiro claro para o crescimento profissional.

Outro ponto crucial para o advogado de sucesso é desenvolver uma mentalidade orientada para o sucesso. Vendas requerem persistência, resiliência e confiança em si mesmo. Nem todos os *leads* se converterão em clientes, e nem todas as propostas serão aceitas. No entanto, é importante encarar como uma oportunidade de aprendizado e aprimoramento, em vez de uma rejeição pessoal. Ao manter uma atitude positiva e focada nos objetivos, os advogados podem superar obstáculos e alcançar resultados notáveis.

Um componente fundamental para a prática eficaz das vendas é a habilidade de contar histórias. Os advogados podem usar narrativas convincentes para ilustrar situações jurídicas complexas, explicar processos legais de maneira clara e persuadir os clientes sobre os benefícios de contratar seus serviços. As histórias têm o poder de criar conexões emocionais, tornando as informações mais memoráveis e atraentes para o público.

Além disso, a adoção de uma abordagem consultiva nas vendas jurídicas pode diferenciar um advogado dos demais. Em vez de simplesmente empurrar serviços jurídicos, é essencial se posicionar como um consultor confiável, que busca entender as necessidades do cliente e oferecer soluções personalizadas. Essa abordagem enfatiza a construção de relacionamentos de longo prazo, baseados na confiança e na parceria.

Ao superar os desafios e estereótipos associados às vendas, os advogados podem aumentar sua influência, expandir sua base de clientes e se tornar verdadeiros líderes em seu campo.

Abraçar essa prática não significa comprometer a integridade profissional, mas sim fortalecer sua posição no mercado jurídico e fornecer um serviço ainda melhor aos seus clientes. Este é o momento de aproveitar o poder das vendas e colher os frutos de uma prática jurídica próspera e bem-sucedida.

No próximo capítulo, exploraremos como os advogados podem elevar sua prática para um nível superior, fornecendo um atendimento que excede as expectativas dos clientes. Abordaremos as habilidades de comunicação eficaz, a importância da empatia e compreensão, bem como estratégias para construir relacionamentos duradouros.

Vamos mergulhar nas melhores práticas para ouvir atentamente as necessidades dos clientes, oferecer suporte durante todo o processo jurídico e fornecer resultados excepcionais. Além disso, exploraremos as melhores estratégias para lidar com clientes difíceis e lidar com situações desafiadoras, mantendo sempre a ética profissional.

No caminho para a excelência no atendimento, descobriremos que a venda e o atendimento ao cliente não são apenas práticas separadas, mas sim partes integrantes de uma abordagem holística para o sucesso na advocacia. À medida que avançamos, prepare-se para adquirir as habilidades e conhecimentos necessários para se destacar não apenas como um vendedor poderoso, mas também como um advogado exemplar no atendimento às necessidades e expectativas dos clientes.

Esteja pronto para mergulhar no próximo capítulo, onde desvendaremos os segredos da excelência no atendimento e revelaremos como você pode se tornar um advogado de sucesso em todas as facetas do seu trabalho. O caminho para a excelência no atendimento está à sua frente, aguardando ansiosamente por sua dedicação e comprometimento. Continue sua jornada e descubra o poder transformador de um serviço excepcional na prática jurídica.

Capítulo 2
Excelência no Atendimento

Muitos advogados, especialmente aqueles voltados para uma atuação mais beligerante, negligenciam a importância do atendimento ao cliente. Eles acreditam, erroneamente, que seus clientes estão mais interessados no que acontece nas audiências do que em como são tratados ao longo do processo. No entanto, a realidade é bem diferente. O cliente não possui conhecimento técnico para compreender todos os procedimentos e nuances das audiências, mas é capaz de distinguir claramente um excelente atendimento de um serviço medíocre.

Nesse sentido, um atendimento de excelência torna-se de suma importância para o advogado de sucesso. A habilidade de ouvir atentamente as reais necessidades do cliente, compreender seus anseios e lutar pelos seus direitos é o que diferencia um advogado comum de um extraordinário. Portanto, na hora de atender o seu cliente, é essencial dedicar a máxima atenção e empatia.

Este é o momento em que, no mínimo, as necessidades básicas dos clientes podem ser atendidas. O ser humano possui basicamente três níveis de necessidades: as fisiológicas, as psicológicas e a de autorrealização.

As necessidades fisiológicas são as básicas, como se alimentar, dormir ir ao banheiro, etc. A falta do bem-estar ou algum desconforto físico gera um incomodo e isso pode gerar insatisfação, dor e alterações emocionais. Já as necessidades psicológicas têm relação com os hábitos de uma sociedade, à segurança, ao pertencimento, reconhecimento, ou seja, o bem-estar emocional. A necessidade de autorrealização é mais subjetiva, trata-se da plenitude da realização humana.

Quando o cliente o procura é porque ele tem um problema e quer tê-lo resolvido. No entanto, é preciso saber quais os meios de levá-lo à satisfação plena.

Esse atendimento deve estar baseado na ideia de que o cliente que está à sua frente está desejoso em satisfazer suas necessidades de bem-estar físico, emocional e de autorrealização. Portanto, devem e merecem ser recebidos física (necessidades fisiológicas) e emocionalmente (necessidades psicológicas), e que que seus problemas, ansiedades, desejos e expectativas sejam resolvidas (necessidade de autorrealização).

Dessa forma, é essencial conhecer suas expectativas para projetar a operação de serviços para entregar ao cliente o que procura, no intuito de encantá-lo ou ao menos satisfazer suas necessidades. O ideal é ter um cliente fã, aquele que fala bem de seus serviços para todos que conhece e sempre que possível o indica para seus pares.

Nesse sentido, é necessária uma mudança de paradigma, pois vislumbra-se que desde os primeiros momentos em que o estudante de direito decidiu ingressar na carreira jurídica, almejando a excelência em sua atuação, se prepara para o confronto nas audiências, estuda as leis e procura argumentar com maestria perante os juízes, tendo a crença de que é na hora da audiência que devem brilhar, o que não é de tudo errado. No entanto, o momento crucial para o causídico mostrar todo o seu potencial é no atendimento ao cliente.

Um advogado que domina a arte do atendimento ao cliente é capaz de estabelecer uma relação de confiança desde antes do atendimento. Ele sabe que cada cliente é único e merece ser tratado com respeito e consideração. Ao ouvir atentamente, o advogado não apenas adquire um entendimento mais profundo das necessidades jurídicas do cliente, mas também demonstra que está genuinamente comprometido em ajudá-lo.

Toda a sua atuação deve ser voltada para seu público-alvo, pois quanto mais tranquilo e seguro o cliente estiver, mais fácil será entender o seu caso e maior a possibilidade de contratar seus serviços. Por isso, não peque no ambiente de atendimento, mantenha-o sempre limpo, organizado e agradável, pois é o básico. Preocupe-se com os pequenos detalhes, por exemplo, água, café, revistas até uma televisão no local de espera. Esses cuidados podem gerar ótimos negócios.

É bom lembrar que as pessoas querem ser bem recebidas física e emocionalmente e que esse é o primeiro passo para o bom atendimento. Portanto, Dedique toda a atenção à pessoa, use seu nome com frequência (muito cuidado para não errar o nome) e ao finalizar o atendimento tenha certeza de que não há mais dúvidas ou pendências.

Para alcançar a excelência no atendimento, é fundamental que o advogado desenvolva habilidades de comunicação eficazes. É necessário transmitir informações jurídicas complexas de maneira clara, simples e compreensível, evitando jargões e termos técnicos excessivos. Além disso, é importante manter uma postura profissional, porém acolhedora, transmitindo confiança e segurança ao cliente.

A empatia também desempenha um papel essencial no atendimento ao cliente. Ao se colocar no lugar do cliente, o advogado compreende suas angústias e preocupações, estabelecendo uma conexão emocional que fortalece a relação profissional. Mostrar compaixão e solidariedade, demonstrando que está ao lado do cliente durante todo o processo, é um diferencial que traz benefícios inestimáveis.

Além disso, o advogado de sucesso entende que a prestação de um serviço jurídico de qualidade vai além do atendimento individual. É preciso oferecer uma experiência completa ao cliente, desde a primeira consulta até a conclusão do caso. Isso envolve uma comunicação clara e constante, mantendo o cliente informado sobre o andamento do processo, respondendo prontamente às suas dúvidas e preocupações, e oferecendo suporte emocional quando necessário.

É importante fazer *follow-up* que são contratos periódicos para monitorar os anseios do cliente em relação ao seu caso e tranquilizá--lo. Alguns advogados enviam matérias com conteúdo relevante ao caso em questão ou notícias recentes sobre o assunto, isso demonstra que não o esqueceu e que está constantemente se atualizando.

A busca pela excelência no atendimento também implica em conhecer profundamente a área de atuação do advogado. É essencial manter-se atualizado sobre as leis e precedentes relevantes, para fornecer orientação precisa e eficaz ao cliente. A dedicação em aprimorar constantemente os conhecimentos jurídicos demonstra comprometimento e reforça a confiança do cliente no advogado.

Por fim, é fundamental ressaltar que a excelência no atendimento não se resume a um único momento ou a um único caso. É um compromisso contínuo, uma busca incessante pela melhoria constante. O advogado de sucesso sabe que cada cliente é uma oportunidade de aprendizado e crescimento, e que um atendimento excepcional é o alicerce para uma carreira brilhante e duradoura.

Portanto, é chegada a hora de os advogados abandonarem a crença equivocada de que o brilho está reservado apenas para a hora da audiência. É no atendimento, no cuidado dedicado ao cliente, que reside o verdadeiro poder das vendas para o advogado. É nesse momento que ele tem a oportunidade de criar uma experiência única, que irá conquistar não apenas a confiança do cliente, mas também seu respeito e fidelidade. É na excelência do atendimento que o advogado encontra o caminho para o sucesso e para uma carreira verdadeiramente extraordinária.

Lembre-se de que a excelência no atendimento não é um dom inato, mas sim uma habilidade que pode ser aprendida e aprimorada ao longo do tempo. A dedicação em desenvolver essas habilidades certamente fará a diferença em sua carreira como advogado de sucesso.

Portanto, mergulhe nesse universo de conhecimento e práticas que o levarão a atingir patamares ainda mais altos no atendimento ao cliente. Esteja aberto a novas ideias, seja receptivo às técnicas apresentadas e esteja disposto a aplicá-las em sua rotina profissional.

O caminho para o atendimento excepcional é desafiador, mas repleto de recompensas. Ao se destacar nesse aspecto, você construirá a base sólida para uma carreira jurídica bem-sucedida e duradoura. Esteja disposto a absorver todo o conhecimento que será compartilhado e coloque-o em prática. Só assim você estará no caminho certo para se tornar um advogado de sucesso, capaz de encantar e fidelizar seus clientes.

O poder das vendas para o advogado está na excelência do atendimento.

Desenvolvendo habilidades
para o Atendimento Excepcional

Advogados que dominam a arte de vender seus serviços têm uma vantagem significativa sobre seus concorrentes. Neste momento compartilharemos alguns *insights* eficazes para desenvolver um atendimento excepcional que conquiste clientes e construa relacionamentos duradouros.

Conheça sua área

Assim como em qualquer venda, o advogado deve ser um profundo conhecedor de sua área de atuação e de como utilizar seus serviços jurídicos, aplicando seus conhecimentos ao caso apresentado pelo cliente. Compreender as nuances da lei, estar sempre atualizado com as mudanças legislativas e ter expertise são fundamentais para oferecer um atendimento excepcional.

Comunique-se de forma clara e persuasiva

A clareza na comunicação é uma habilidade essencial para o advogado. Seja em uma reunião com um potencial cliente ou durante uma apresentação em tribunal, a capacidade de transmitir informações de maneira clara e persuasiva é fundamental para conquistar a confiança e o respeito dos envolvidos.

Ao contrário do que muitos colegas pensam, usar o "juridiquês" com pessoas leigas além de não conseguir uma comunicação eficaz, demonstra insegurança. Portanto, ao explicar a situação para seu cliente busque repassar da forma mais simples possível para que ele entenda perfeitamente o que se pretende passar.

Ouça ativamente

Ouvir ativamente é uma das habilidades mais valiosas que um advogado pode desenvolver. Ao ouvir atentamente as preocupações e necessidades de seus clientes, é possível personalizar os serviços oferecidos e criar soluções que atendam às suas demandas específicas. Isso gera confiança e mostra que você se importa genuinamente com o sucesso e o bem-estar de seus clientes.

Outra vantagem de ouvir atentamente seu cliente é a possibilidade de se descobrir suas reais necessidades. Não é raro atender pessoas que acham que precisam de um tipo de serviço, mas, ao relatar os fatos, o causídico que ouviu atentamente, constata que o que o seu cliente busca é outro tipo de tutela jurisdicional.

Construa relacionamentos sólidos

A construção de relacionamentos sólidos é a base para o sucesso de qualquer advogado. Ao investir tempo e esforço no desenvolvimento de conexões significativas com seus clientes, é possível cultivar parcerias duradouras e garantir um fluxo constante de negócios.

Seja um solucionador de problemas

Os clientes procuram advogados para resolver seus problemas legais. Portanto, é essencial que o advogado se posicione como um verdadeiro solucionador. Mostre aos clientes que você tem as habilidades e o conhecimento necessários para resolver seus dilemas jurídicos, fornecendo soluções práticas e eficazes.

Ofereça um serviço excepcional

Um atendimento excepcional vai além do conhecimento jurídico. Trata-se de oferecer um serviço de qualidade, que vá ao encontro das expectativas dos clientes. Esteja disponível, cumpra prazos, responda prontamente às solicitações e mantenha os clientes informados sobre o progresso de seus casos. Essas pequenas ações demonstram profissionalismo e comprometimento.

Procure conhecer o cliente para poder encantá-lo.

Preste atenção aos detalhes

Em um mundo repleto de ofertas e serviços semelhantes, prestar atenção aos detalhes deixou de ser diferencial e virou pré-requisito de existência, ou você se atenta ou seu concorrente prestará sozinho. Lembre-se o sucesso está nos detalhes.

Aprenda com a experiência

Cada interação com um cliente é uma oportunidade de aprendizado. Esteja aberto a *feedbacks* e críticas construtivas. Analise as situações em que as vendas não foram bem-sucedidas e busque identificar pontos de melhoria. A autocrítica e a busca constante por aprimoramento são características-chave dos advogados de sucesso.

Invista em networking

O *networking* é uma poderosa ferramenta de vendas para advogados. Participar de eventos da área jurídica, associações profissionais e grupos de *networking* pode abrir portas para novas oportunidades de negócio. Lembre-se de que nem todos os seus clientes virão por meio de publicidade; muitos serão conquistados por meio de relacionamentos e indicações.

Seja ético

Por fim, a ética é fundamental no mundo jurídico e nas vendas. Mantenha a integridade em todas as suas interações profissionais, seja honesto com seus clientes e respeite as normas de conduta da profissão. A reputação é um ativo valioso e ser reconhecido como um advogado ético pode abrir portas para um futuro brilhante.

Um advogado de sucesso não é apenas aquele que domina as habilidades de vendas, mas também aquele que consegue criar uma experiência excepcional para seus clientes, desde o primeiro contato até o encerramento de um caso.

Portanto, prepare-se para explorar estratégias práticas e inspiradoras que o ajudarão a estabelecer uma cultura de excelência no atendimento em sua prática jurídica. Esteja pronto para aprimorar suas habilidades de liderança, engajamento de equipe e desenvolvimento de um ambiente que promova a satisfação e fidelidade dos clientes.

Estratégias para criar
uma cultura de excelência no atendimento

A competição no mundo jurídico está mais acirrada do que nunca. Advogados de todas as áreas estão buscando maneiras de se destacar em um mercado saturado, e a chave para o sucesso está no poder das vendas. Neste momento, exploraremos as estratégias que podem ajudar os advogados a criar uma cultura de excelência no atendimento, conquistando clientes e fechando negócios de forma eficaz.

O primeiro passo para construir uma cultura de excelência no atendimento é entender que os clientes são a alma do seu negócio. Cada interação com um cliente em potencial é uma oportunidade de venda. Portanto, é essencial investir tempo e esforço para conhecer profundamente as necessidades e expectativas do seu público-alvo.

Nunca é demais informar que a empatia é uma habilidade essencial para qualquer advogado de sucesso. Colocar-se no lugar do cliente, compreender seus desafios e oferecer soluções personalizadas são maneiras poderosas de conquistar a confiança e fidelidade dos clientes.

Para criar uma cultura de excelência no atendimento, é necessário treinar toda a equipe, desde o atendimento telefônico até os advogados mais experientes. Cada membro da equipe deve entender a importância do cliente e estar preparado para oferecer um serviço excepcional.

Além do treinamento, é fundamental estabelecer metas claras e mensuráveis para a equipe de vendas. Defina indicadores de desempenho, como número de contatos feitos, negócios fechados e satisfação do cliente, para acompanhar o progresso e identificar áreas que precisam ser aprimoradas.

Uma estratégia eficaz para criar uma cultura de excelência no atendimento é investir em tecnologia. Utilize ferramentas de CRM (*Customer Relationship Management*) para gerenciar o relacionamento com os clientes, automatizar tarefas e melhorar a eficiência operacional.

Outra maneira de impulsionar o poder das vendas é criar um processo de atendimento ao cliente bem definido. Desde o primeiro contato até o acompanhamento pós-venda, cada etapa deve ser cuidadosamente planejada e executada, visando proporcionar uma experiência única e memorável.

A comunicação clara e efetiva é um aspecto crucial para qualquer advogado que queira ter sucesso nas vendas. Domine a arte da comunicação persuasiva, seja oralmente ou por escrito, e esteja preparado para adaptar sua abordagem de acordo com as necessidades de cada cliente.

Construir relacionamentos duradouros com os clientes é um dos pilares de uma cultura de excelência no atendimento. Mantenha contato frequente, ofereça informações relevantes e esteja disponível para responder a dúvidas e preocupações. Lembre-se de que um cliente satisfeito pode se tornar um defensor da sua marca e gerar novas oportunidades de negócio.

A inovação também desempenha um papel importante no sucesso das vendas para advogados. Esteja atualizado com as últimas tendências e tecnologias da sua área e busque maneiras criativas de resolver problemas jurídicos, agregando valor aos serviços oferecidos.

Por fim, lembre-se de que a excelência no atendimento não é um objetivo estático, mas sim uma jornada contínua de aprimoramento. Esteja aberto a *feedbacks*, aprenda com os erros e celebre as conquistas da equipe. A cultura de excelência se constrói com esforço, dedicação e comprometimento.

Criar uma cultura de excelência no atendimento é uma poderosa estratégia para advogados que desejam se destacar no mercado. Ao investir na compreensão das necessidades dos clientes, treinamento da equipe, tecnologia e comunicação eficaz, os advogados estarão preparados para conquistar e fidelizar clientes, impulsionando o sucesso de seus negócios jurídicos. Com persistência e dedicação, os advogados de sucesso podem dominar o poder das vendas e alcançar resultados extraordinários.

Capítulo 3
Construindo uma
Marca Pessoal Irresistível

A construção de uma marca pessoal sólida e atraente é um fator essencial para o sucesso de advogados em um ambiente profissional altamente competitivo. Neste capítulo, discutiremos as estratégias fundamentais para a construção de uma marca pessoal poderosa, que envolvem a identificação dos valores fundamentais, a gestão da imagem externa, a presença *online*, o *networking* efetivo, a excelência no atendimento ao cliente e o contínuo aprimoramento profissional.

Em primeiro lugar, é crucial que os advogados identifiquem e definam seus valores fundamentais. A autenticidade e a integridade são características valorizadas pelos clientes e pela comunidade jurídica em geral. A definição de uma visão clara e a manutenção de princípios éticos sólidos são essenciais para transmitir confiança e estabelecer conexões genuínas com os clientes.

Além disso, a gestão da imagem externa desempenha um papel significativo na construção da marca pessoal. A aparência visual, a linguagem corporal e a habilidade de comunicação clara e persuasiva são aspectos fundamentais para estabelecer uma imagem profissional impressionante. É importante que os advogados se vistam adequadamente, transmitindo uma imagem de profissionalismo e confiança, e se expressem de maneira coerente com sua área de atuação.

A presença *online* também desempenha um papel crucial na construção da marca pessoal nos dias de hoje. A criação de um *website* profissional, atualizado e de fácil navegação, que destaque as áreas de especialização e as experiências relevantes do advogado, é fundamental. Além disso, a participação ativa nas redes sociais, por meio do compartilhamento de conteúdo útil e demonstração de conhecimento especializado, ajuda a solidificar a marca pessoal e aumentar a visibilidade.

No entanto, a construção da marca pessoal não se restringe apenas ao mundo digital. A participação em eventos e conferências é uma oportunidade valiosa para estabelecer contatos profissionais e expandir a rede de relacionamentos. Tornar-se palestrante em sua área de especialização também é uma maneira eficaz de compartilhar conhecimentos e aumentar a visibilidade. O *networking* estratégico permite que os advogados se conectem com outros profissionais influentes e fortaleçam sua presença no mercado jurídico.

Ademais, a excelência no atendimento ao cliente desempenha um papel fundamental na construção da marca pessoal. A reputação de um advogado se espalha rapidamente, famoso boca-boca, e a forma como ele trata seus clientes e resolve seus problemas tem um impacto direto em sua marca pessoal. Oferecer um serviço excepcional e garantir a satisfação do cliente é essencial para estabelecer uma reputação sólida e duradoura.

A busca contínua por aprimoramento profissional é um elemento-chave na construção de uma marca pessoal irresistível. Advogados de sucesso estão sempre em busca de atualização de conhecimentos e habilidades. A participação em cursos e grupos de estudo proporciona oportunidades para o desenvolvimento profissional e garante que o advogado permaneça relevante em um mercado jurídico em constante transformação.

Em suma, a construção de uma marca pessoal poderosa é um processo multifacetado que envolve a definição de valores fundamentais, a gestão da imagem externa, a presença *online*, o *networking* estratégico, a excelência no atendimento ao cliente e o contínuo aprimoramento profissional. Ao implementar essas estratégias de forma consistente e eficaz, os advogados podem diferenciar-se, conquistar clientes e estabelecer uma reputação sólida em um mercado altamente competitivo.

Ao longo dessa jornada, veremos como destacar seus pontos fortes, comunicar sua proposta de valor de maneira eficaz e criar uma identidade única que ressoe com seu público-alvo.

A construção de uma marca pessoal forte e autêntica envolve uma profunda autorreflexão, descoberta de sua essência e expressão consistente dessa identidade em todos os aspectos de sua carreira jurídica.

Desenvolvendo uma Marca Pessoal Forte e Autêntica

No mundo competitivo e em constante mudança dos negócios jurídicos, os advogados de sucesso reconhecem a importância de construir uma marca pessoal forte e autêntica. A marca pessoal é a percepção que os outros têm de você e de seu trabalho, e é um fator decisivo para conquistar clientes, estabelecer parcerias estratégicas e alcançar o sucesso profissional.

Compreenda sua identidade profissional

Antes de começar a construir sua marca pessoal, é fundamental ter clareza sobre sua identidade profissional. Identifique seus valores, paixões, pontos fortes e objetivos de carreira. Isso ajudará a definir sua proposta única de valor e a direcionar suas estratégias de *branding*.

Defina seu público-alvo

Conhecer seu público-alvo é essencial para criar uma marca pessoal eficaz. Identifique os segmentos de mercado que você deseja atingir e compreenda suas necessidades, desafios e expectativas. Isso permitirá que você adapte sua mensagem e comunique-se de forma direcionada e relevante.

Crie uma mensagem central poderosa

Desenvolva uma mensagem clara e concisa que transmita sua proposta única de valor. Essa mensagem central deve ser a espinha dorsal de sua marca pessoal e ser consistente em todas as suas comunicações.

Certifique-se de destacar os benefícios e resultados que você oferece aos seus clientes.

Construa uma presença online impactante

No mundo digital de hoje, ter uma presença *online* sólida é imprescindível. Crie um site profissional que reflita sua marca pessoal e inclua informações relevantes sobre sua experiência, especializações e conquistas. Utilize estratégias de otimização de mecanismos de busca para aumentar sua visibilidade *online*.

Aproveite as redes sociais

As redes sociais são poderosas ferramentas de marca pessoal. Identifique as plataformas que são relevantes para sua área de atuação e público-alvo e crie um perfil profissional consistente. Compartilhe conteúdo relevante, engaje-se com sua audiência e demonstre sua expertise. Lembre-se de manter uma postura profissional e coerente com sua marca pessoal.

Estabeleça parcerias estratégicas

Busque oportunidades de estabelecer parcerias com outras pessoas influentes em sua área. Isso pode envolver a participação em eventos, colaborações em projetos ou publicações conjuntas. Associe-se a profissionais e organizações respeitáveis e alinhe sua marca pessoal a essas parcerias estratégicas.

Cultive sua reputação

Sua reputação é um ativo valioso em seu *branding*. Construa e mantenha relacionamentos profissionais sólidos, cumpra suas promessas e ofereça um serviço excepcional aos seus clientes. Incentive o *feedback* e utilize depoimentos positivos para fortalecer sua credibilidade.

Invista em desenvolvimento profissional contínuo

O aprendizado e o desenvolvimento são essenciais para manter sua marca pessoal relevante e atualizada. Busque oportunidades de aprimoramento profissional, como cursos, treinamentos e participação em conferências. Isso não só expandirá seus conhecimentos, mas também demonstrará seu comprometimento em fornecer um serviço de alta qualidade.

Seja autêntico

A autenticidade é um dos pilares fundamentais de uma marca pessoal forte. Seja fiel a si mesmo, a seus valores e a sua voz. Evite tentar ser alguém que você não é, pois isso prejudicará sua credibilidade e afastará os clientes em potencial. Mostre sua personalidade e deixe sua marca pessoal refletir quem você realmente é.

Monitore e adapte sua marca pessoal

Uma marca pessoal eficaz requer monitoramento constante e ajustes conforme necessário. Esteja atento aos *feedbacks* de seus clientes, avalie os resultados de suas estratégias e faça os ajustes necessários para garantir que sua marca pessoal continue a evoluir e se destacar.

Construir uma marca pessoal forte e autêntica é um processo contínuo que exige tempo, dedicação e consistência. No entanto, os benefícios são inegáveis. Ao seguir as estratégias discutidas neste capítulo e permanecer fiel a si mesmo, você posicionará como um advogado capaz de atrair e reter clientes de forma duradoura. Lembre-se de que sua marca é única e poderosa, e é o reflexo de sua jornada profissional e de seu compromisso com a excelência.

A reputação é um elemento-chave no sucesso de um advogado, pois é o que permite que você seja reconhecido como um profissional confiável, competente e capaz de atender às necessidades de seus clientes.

No próximo tópico, discutiremos estratégias específicas para construir e fortalecer sua reputação, desde a qualidade do seu trabalho até a forma como você se comunica e se engaja com seus clientes. Ao combinar uma marca pessoal poderosa com uma reputação sólida, você estará posicionado para se destacar em um mercado competitivo e atrair clientes em potencial de forma consistente.

Construindo uma Reputação que Atraia Clientes em Potencial

A primeira etapa na construção de uma marca pessoal é definir sua identidade como advogado. Quais são seus valores, sua visão e seus objetivos profissionais? Refletir sobre esses aspectos é importante para que você possa transmitir uma mensagem consistente e autêntica aos seus clientes em potencial. Uma vez que você tenha uma compreensão clara de sua identidade profissional, poderá começar a moldar sua imagem e comunicá-la de forma eficaz.

Uma das maneiras mais poderosas de construir sua reputação é através do *networking* estratégico. Participar de eventos do setor jurídico, conferências e encontros sociais é fundamental para se conectar com colegas, clientes em potencial e influenciadores importantes. Cultive relacionamentos genuínos e mantenha-se ativo nas redes sociais profissionais, compartilhando *insights* valiosos e participando de discussões relevantes. Lembre-se de que a construção de uma reputação leva tempo e esforço contínuo, por isso é essencial investir na expansão da sua rede de contatos.

A visibilidade também desempenha um papel fundamental na construção de uma marca pessoal sólida. Esteja presente nos canais de comunicação certos, como blogs, sites especializados e mídias sociais. Escreva artigos de qualidade, compartilhe seu conhecimento e demonstre sua experiência. Além disso, considere a possibilidade de participar de palestras, *workshops* e programas de mentoria. Ao se tornar uma autoridade no seu campo de atuação, você atrairá a atenção de clientes em potencial que procuram alguém com experiência e credibilidade.

No entanto, lembre-se de que a reputação é construída não apenas pela maneira como você se apresenta, mas também pela qualidade do trabalho que você oferece. Sempre busque a excelência e ofereça um serviço excepcional aos seus clientes. A satisfação dos clientes é uma ferramenta poderosa de *marketing*, pois eles serão seus defensores mais fervorosos.

Mantenha-se atualizado em relação às tendências do mundo jurídico, aprimore suas habilidades constantemente e esteja sempre bem-preparado para os casos e reuniões. Aparência profissional, pontualidade e ética de trabalho são aspectos que contribuem para a construção de uma imagem confiável e respeitada.

Não subestime o poder das recomendações e depoimentos. Peça a seus clientes satisfeitos que deixem avaliações positivas em sites especializados, e colha depoimentos sobre o trabalho que você realizou para eles. Essas evidências tangíveis de sua competência e habilidade ajudarão a construir uma reputação sólida e a atrair novos clientes em potencial.

Além disso, aproveite as oportunidades de se envolver em causas sociais e *pro bono*. Contribuir para a comunidade e usar sua expertise jurídica para ajudar os menos privilegiados é uma maneira poderosa de construir uma reputação que transcende o mundo dos negócios e demonstra seu comprometimento com a justiça e a responsabilidade social.

Por fim, é essencial lembrar que a construção de uma reputação é um processo contínuo. Esteja sempre atento às mudanças no mercado e às expectativas dos seus clientes. A adaptação é fundamental para se manter relevante e competitivo. Aproveite as oportunidades de aprendizado e desenvolvimento profissional para expandir suas habilidades e conhecimentos.

Em resumo, construir uma reputação que atraia clientes em potencial requer uma combinação de autenticidade, visibilidade, excelência profissional e cuidado com a imagem pessoal. Através do *networking* estratégico, participação ativa nas redes sociais, fornecimento de um serviço de alta qualidade e envolvimento com a comunidade, você construirá uma marca pessoal poderosa e atraindo uma base sólida de clientes em potencial. Lembre-se de que sua reputação é um ativo valioso que o acompanhará ao longo de sua carreira, e invista no seu crescimento e desenvolvimento.

Capítulo 4

Estratégias Modernas
de Prospecção de Clientes

No mundo competitivo da advocacia moderna, a prospecção eficaz de clientes é uma habilidade essencial para os advogados de sucesso. Não basta apenas dominar o conhecimento jurídico e ter experiência prática; é preciso também desenvolver estratégias modernas de prospecção que permitam atrair e conquistar novos clientes. Neste capítulo, exploraremos algumas abordagens inovadoras para a prospecção de clientes, que ajudarão os advogados a se destacarem em um mercado cada vez mais competitivo.

Compreender o perfil do cliente ideal

Antes de iniciar qualquer estratégia de prospecção, é fundamental ter uma compreensão clara do perfil do cliente ideal. Isso envolve identificar as características demográficas, interesses, necessidades e desafios do seu público-alvo. Com base nesse conhecimento, você poderá direcionar suas ações de prospecção de forma mais eficiente.

Utilizar o poder do marketing digital

No mundo digital de hoje, é fulcral que os advogados utilizem as ferramentas disponíveis para alcançar um público mais amplo. Invista em um site profissional, otimize seu conteúdo para os mecanismos de busca e explore estratégias de *marketing* digital, como publicidade *online* e *marketing* de conteúdo. Essas táticas ajudarão a estabelecer sua presença *online* e atrair potenciais clientes.

Criar conteúdo relevante

Uma estratégia eficaz de prospecção envolve a criação de conteúdo relevante e de alta qualidade. Escreva artigos, blogs ou até mesmo produza vídeos informativos sobre temas jurídicos que sejam de interesse do seu público-alvo. Isso não apenas demonstrará seu conhecimento e experiência, mas também atrairá a atenção de potenciais clientes em busca de informações.

Redes sociais como ferramenta de prospecção

As redes sociais se tornaram uma poderosa ferramenta de prospecção de clientes. Esteja presente nas principais plataformas, como *LinkedIn*, *Facebook* e *Instagram*, e compartilhe conteúdo valioso. Além disso, participe de grupos e comunidades relacionadas à sua área de atuação, interagindo com potenciais clientes e construindo relacionamentos sólidos.

Estabelecer parcerias estratégicas

Identifique outros profissionais ou empresas cujos serviços complementem os seus e busque estabelecer parcerias estratégicas. Isso pode incluir contadores, consultores financeiros ou até mesmo outros advogados com especialidades diferentes das suas. Ao trabalhar em conjunto, vocês podem indicar clientes um para o outro, expandindo assim suas redes de contatos.

Participar de eventos e conferências

Eventos e conferências são ótimas oportunidades para se conectar com potenciais clientes e estabelecer sua credibilidade no mercado. Seja um palestrante ou participe de painéis de discussão sobre temas relevantes. Isso permitirá que você se destaque como um especialista e aumente suas chances de ser lembrado pelos participantes.

Construir um relacionamento de confiança

A prospecção de clientes não deve se limitar a uma única transação. Busque construir relacionamentos de longo prazo com seus clientes, focando em fornecer um excelente atendimento e solucionar seus problemas de forma eficiente. A confiança e a satisfação do cliente são fundamentais para garantir indicações e repetição de negócios.

Acompanhamento eficaz

Depois de identificar um potencial cliente, é essencial fazer um acompanhamento eficaz. Envie *e-mails* personalizados, ofereça conteúdo adicional relevante e esteja disponível para responder a quaisquer dúvidas que possam surgir. Demonstre interesse genuíno pelo cliente e mantenha-se presente em sua mente.

Monitorar e avaliar resultados

Por fim, lembre-se de monitorar e avaliar constantemente os resultados de suas estratégias de prospecção. Analise quais abordagens estão funcionando melhor, que precisam ser ajustadas e quais devem ser abandonadas. Aperfeiçoe continuamente suas táticas para se adaptar às mudanças do mercado e maximizar seus esforços de prospecção.

Com essas estratégias de prospecção de clientes, os advogados de sucesso podem expandir sua base de clientes e se destacar em um mercado altamente competitivo.

Lembre-se de que a chave para uma prospecção eficaz é entender o perfil do cliente ideal, utilizar o poder do *marketing* digital, criar conteúdo relevante, aproveitar as redes sociais, estabelecer parcerias estratégicas, participar de eventos, construir relacionamentos de confiança, fazer um acompanhamento eficaz e monitorar constantemente seus resultados. Ao implementar essas estratégias de forma consistente, você estará no caminho certo para alcançar o sucesso na prospecção de clientes como advogado.

Utilizando o Poder das Redes Sociais
e do Marketing Digital

Nos dias atuais, as redes sociais e o *marketing* digital desempenham um papel fundamental na forma como as pessoas se conectam e interagem. Advogados de sucesso entenderam o potencial dessas ferramentas e aprenderam a utilizá-las para impulsionar suas vendas e prospectar novos clientes. Neste tópico, exploraremos as estratégias modernas de prospecção de clientes por meio das redes sociais e do *marketing* digital, proporcionando aos advogados uma vantagem competitiva no mercado atual.

O poder das redes sociais para advogados

As redes sociais são um fenômeno global, proporcionando uma plataforma para que pessoas de diferentes origens e interesses se conectem. Para advogados, isso significa uma oportunidade única de alcançar um público amplo e diversificado. Ao construir uma presença sólida nas redes sociais, os advogados podem estabelecer sua autoridade, compartilhar conhecimento jurídico e atrair potenciais clientes.

Escolha das plataformas adequadas

No vasto universo das redes sociais, é essencial que os advogados escolham as plataformas adequadas para sua estratégia. Cada plataforma tem sua própria dinâmica e público-alvo. O *LinkedIn*, por exemplo, é ideal para advogados que buscam construir uma rede profissional e estabelecer parcerias. O *Facebook*, por sua vez, oferece a oportunidade de atingir um público mais diversificado. Já o *Instagram* e o *Twitter* podem ser úteis para compartilhar informações jurídicas de forma mais visual e concisa.

Construindo uma marca pessoal

Para se destacar nas redes sociais, os advogados devem investir na construção de uma marca pessoal consistente e autêntica, como já abordado alhures. Isso envolve o desenvolvimento de uma identidade visual atrativa, a produção de conteúdo relevante e de qualidade, e a interação regular com a audiência. Ao transmitir confiança e profissionalismo por meio de sua marca pessoal, os advogados poderão conquistar a confiança dos potenciais clientes.

Conteúdo relevante e de qualidade

O conteúdo é a moeda das redes sociais. Advogados de sucesso entendem a importância de compartilhar conteúdo relevante e de qualidade para atrair e engajar a audiência. Isso pode ser feito por meio de artigos, vídeos, infográficos e *podcasts*. Ao fornecer informações jurídicas valiosas e esclarecedoras, os advogados se estabelecem como autoridades em suas áreas de atuação e criam um vínculo de confiança com os potenciais clientes.

Interação e engajamento com a audiência

As redes sociais são plataformas de interação e engajamento. Os advogados devem estar prontos para responder a perguntas, comentários e mensagens privadas de forma rápida e profissional. Essa interação pessoal é fundamental para construir relacionamentos duradouros e demonstrar um compromisso genuíno com as necessidades dos clientes. Além disso, incentivar o compartilhamento e a participação da audiência aumenta o alcance das publicações e a visibilidade do advogado.

A importância do marketing de conteúdo

O *marketing* de conteúdo é uma estratégia poderosa para advogados que desejam prospectar novos clientes. Ao criar e compartilhar conteúdo relevante, os advogados podem atrair pessoas interessadas em seus serviços jurídicos. Essa abordagem de geração de demanda permite que os advogados estabeleçam sua expertise e criem oportunidades para conversões e vendas.

O papel do SEO na prospecção de clientes

O SEO (*Search Engine Optimization*) desempenha um papel crucial na visibilidade *online* de um advogado. Ao otimizar o site e o conteúdo para os mecanismos de busca, os advogados podem aumentar sua presença *online* e atrair tráfego qualificado para seus serviços. Investir em uma estratégia de SEO bem planejada pode fazer a diferença na conquista de novos clientes.

De forma bem resumida, estratégia de SEO é o processo de organizar o conteúdo de um site por tópicos. O objetivo dessa organização é ajudar os mecanismos de pesquisa, como o *Google*, a entenderem a intenção do usuário durante a pesquisa. Dessa forma, é possível classificar bem a página nos mecanismos de busca.

A importância das análises e métricas

Por fim, para maximizar a eficácia das estratégias de prospecção de clientes nas redes sociais e no *marketin*g digital, é essencial acompanhar e analisar regularmente as métricas e dados de desempenho. Essas informações permitem avaliar o sucesso das campanhas, identificar oportunidades de melhoria e tomar decisões embasadas. Através das análises, os advogados podem otimizar suas estratégias e direcionar seus esforços para as táticas mais eficazes.

Ao dominar as estratégias modernas de prospecção de clientes por meio das redes sociais e do *marketin*g digital, os advogados de sucesso têm a oportunidade de se destacar em um mercado competitivo. Através da construção de uma reputação, da criação de conteúdo relevante, da interação com a audiência e da utilização de técnicas de SEO, os advogados podem alcançar resultados excepcionais na conquista de novos clientes. Não subestime o poder dessas ferramentas e esteja pronto para aproveitar todas as oportunidades que elas oferecem.

À medida que os advogados se familiarizam com as estratégias modernas de prospecção de clientes por meio das redes sociais e do *marketing* digital, eles estão prontos para dar o próximo passo em sua jornada rumo ao sucesso.

Nesse novo panorama digital, é essencial entender como capturar a atenção de potenciais clientes, estabelecer relacionamentos sólidos e conduzi-los pelo funil de vendas de maneira eficiente. Você aprenderá sobre estratégias avançadas de segmentação de público, automação de *marketing*, nutrição de *leads*, além de ferramentas e técnicas que permitirão a você alcançar resultados ainda mais impressionantes.

Ao dominar as técnicas de geração de *leads* e prospecção eficaz, você será capaz de otimizar seus esforços, identificar oportunidades de negócio, aumentar sua taxa de conversão e construir um fluxo constante de clientes qualificados.

Lembre-se de que o sucesso na prospecção de clientes depende não apenas de estratégias e táticas, mas também de uma mentalidade focada e resiliente. Estar disposto a aprender, adaptar-se às mudanças e testar novas abordagens, sem ferir nosso código de ética, são elementos fundamentais para se destacar no mercado competitivo de hoje.

Esteja aberto a novas ideias, disposto a explorar e experimentar estratégias e, acima de tudo, mantenha o foco em seu objetivo final: conquistar e atender os melhores clientes que se alinham com sua área de atuação e expertise.

Técnicas Avançadas
de Geração de Leads e Prospecção Eficaz

Neste mundo competitivo, a prospecção eficaz de clientes é uma habilidade essencial para impulsionar os negócios. Com a evolução do mercado e das tecnologias, é preciso adotar estratégias modernas de geração de *leads* para se destacar. Exploraremos algumas técnicas avançadas que permitirão aos advogados maximizar seus esforços de prospecção e conquistar uma base sólida de clientes.

Conteúdo relevante e informativo

Os clientes em potencial são bombardeados com informações diariamente. Para se destacar, é fundamental criar conteúdo relevante e informativo, que aborde os desafios e as questões jurídicas que o público-alvo enfrenta, que prenda a atenção do cliente. *Blogs*, vídeos e *e-books* são ótimas ferramentas para compartilhar conhecimentos e construir uma reputação sólida.

Marketing de conteúdo direcionado

Uma vez que o conteúdo relevante tenha sido criado, é hora de distribuí-lo de maneira estratégica. As redes sociais, os sites especializados e os *newsletters* são canais ideais para alcançar o público-alvo. Além disso, é importante utilizar técnicas de SEO para melhorar a visibilidade nos mecanismos de busca.

Colaboração com influenciadores

Os influenciadores digitais são personalidades com grande audiência e influência em determinados segmentos. Estabelecer parcerias com influenciadores relevantes para o mercado jurídico pode ampliar significativamente a visibilidade e a credibilidade do advogado, levando a um aumento na geração de *leads*.

Automação de marketing

A tecnologia desempenha um papel vital na prospecção moderna. Utilizar ferramentas de automação de *marketing* permite acompanhar e nutrir *leads* de forma mais eficiente. *E-mails* personalizados, fluxos de automação e análise de dados ajudam a identificar clientes em potencial e a direcionar esforços de prospecção com maior precisão.

Webinars e eventos online

A realização de *webinars* e eventos *online* é uma maneira eficaz de demonstrar expertise e interagir diretamente com o público-alvo. Essas atividades oferecem a oportunidade de responder perguntas, fornece orientações jurídicas e estabelecer conexões significativas com os participantes, que podem se tornar futuros clientes.

Networking digital

As redes sociais profissionais, como o *LinkedIn*, são uma ferramenta valiosa para expandir a rede de contatos e atrair *leads* qualificados. Participar de grupos de discussão, compartilhar conteúdo relevante e interagir com outros profissionais podem gerar oportunidades de negócios e estabelecer conexões duradouras.

Chatbots e assistentes virtuais

A inteligência artificial tem se tornado cada vez mais presente nas estratégias de prospecção. A utilização de *chatbots* e assistentes virtuais em sites ou aplicativos pode proporcionar uma experiência interativa e personalizada aos visitantes, capturando informações valiosas e agilizando o processo de prospecção. Cuidado com o uso exacerbado dessas tecnologias.

Análise de resultados e otimização contínua

Por fim, é fundamental acompanhar e analisar os resultados de todas as estratégias de prospecção adotadas. Identificar quais técnicas estão trazendo os melhores resultados, fazer ajustes e otimizar constantemente as abordagens é essencial para garantir uma prospecção de clientes eficaz e de sucesso.

Em resumo, as técnicas avançadas de geração de *leads* e prospecção eficaz oferecem aos advogados modernos ferramentas poderosas para alcançar seu público-alvo e expandir seus negócios. Ao adotar uma abordagem estratégica, aproveitar as tecnologias disponíveis e se manter atualizado com as melhores práticas, os advogados estarão preparados para enfrentar os desafios do mercado atual e alcançar resultados extraordinários na captação de clientes.

Capítulo 5

Dominando a Arte da Venda Consultiva

Hoje em dia os clientes estão cada vez mais exigentes e bem-informados, dominar a arte da venda consultiva se tornou essencial para os advogados de sucesso. A venda consultiva vai além de simplesmente oferecer um serviço jurídico, trata-se de entender as necessidades e desafios de cada cliente individualmente, estabelecendo um relacionamento de confiança e oferecendo soluções personalizadas.

A venda consultiva é baseada em uma abordagem centrada no cliente, onde o advogado atua como um consultor, em vez de apenas um vendedor. Para isso, é necessário desenvolver habilidades de escuta ativa, empatia e compreensão das expectativas do cliente. A ideia é identificar as necessidades do cliente e, em seguida, apresentar soluções que atendam a essas necessidades de forma eficaz.

Um dos aspectos fundamentais da venda consultiva é a pesquisa prévia. Antes de qualquer reunião ou interação com o cliente, é imprescindível que o advogado se prepare adequadamente. Isso envolve conhecer o histórico do cliente, entender o setor em que ele atua, analisar possíveis desafios legais e identificar oportunidades de crescimento. Quanto mais informações o advogado reunir, melhor será sua capacidade de oferecer soluções relevantes e eficientes.

Durante o processo de venda consultiva, é importante fazer as perguntas certas para extrair informações valiosas do cliente. O objetivo não é apenas coletar dados, mas também compreender a fundo as necessidades e objetivos do cliente. Ao ouvir atentamente e fazer perguntas pertinentes, o advogado poderá identificar problemas latentes, descobrir oportunidades de negócios e construir uma estratégia eficaz para atender às demandas do cliente.

Além disso, a venda consultiva requer habilidades de comunicação persuasiva. O advogado deve ser capaz de articular claramente as vantagens e benefícios de suas soluções legais, de forma a convencer o cliente da importância e relevância dessas soluções. É importante adaptar a linguagem e o tom da comunicação de acordo com o perfil do cliente, garantindo que a mensagem seja transmitida de maneira eficaz.

Outro aspecto primordial da venda consultiva é a construção de relacionamentos sólidos com os clientes. Isso envolve demonstrar interesse genuíno pelas necessidades e objetivos do cliente, estabelecer uma comunicação aberta e transparente, e manter um contato regular para acompanhar o progresso do caso. A confiança é a base dessa relação, e um cliente confiante será um cliente satisfeito e disposto a recomendar os serviços do advogado a outros.

A venda consultiva não se trata apenas de fechar um negócio, mas sim de construir uma parceria duradoura. O advogado deve se esforçar para oferecer um serviço excepcional, superando as expectativas do cliente em todos os momentos. Isso pode ser feito fornecendo atualizações regulares, sendo proativo na resolução de problemas e demonstrando comprometimento em alcançar os melhores resultados possíveis.

A venda consultiva não é um processo rápido e simples, mas um investimento de tempo e energia que pode levar a resultados significativos. É preciso paciência e perseverança para dominar essa arte. No entanto, os advogados que conseguem dominar a venda consultiva têm a oportunidade de construir uma reputação sólida, conquistar clientes leais e se destacar nesse mercado competitivo.

Em resumo, a venda consultiva é uma abordagem estratégica e orientada ao cliente que busca compreender as necessidades e desafios individuais de cada cliente e oferecer soluções personalizadas. Requer habilidades de escuta ativa, pesquisa prévia, habilidades de comunicação persuasiva e a construção de relacionamentos sólidos. Dominar essa arte é fundamental para os advogados de sucesso, pois permite conquistar clientes satisfeitos e construir uma carreira duradoura e bem-sucedida no mundo jurídico.

Construindo Relacionamentos Sólidos com os Clientes através de uma Abordagem Consultiva

Na busca pelo sucesso no mundo jurídico competitivo, os advogados de destaque compreendem a importância de construir relacionamentos sólidos com seus clientes. Enquanto muitos se concentram apenas em aspectos técnicos e legais, aqueles que dominam a arte da venda consultiva têm uma vantagem significativa.

A venda consultiva se diferencia do modelo tradicional transacional, em que o advogado se limita a responder às necessidades legais do cliente. Em vez disso, essa abordagem vai além, envolvendo uma compreensão profunda das preocupações, objetivos e desafios específicos enfrentados pelo cliente. O advogado consultivo é como um parceiro de confiança, fornecendo orientações personalizadas e soluções adaptadas às circunstâncias individuais de cada cliente.

Para dominar a arte da venda consultiva é desenvolver a habilidade de escuta ativa. Isso implica em ouvir com atenção e empatia, buscando compreender as necessidades e expectativas do cliente. Ao demonstrar interesse genuíno e demonstrar compreensão, o advogado cria um ambiente de confiança, estabelecendo as bases para um relacionamento sólido.

Uma vez que o advogado tenha compreendido as necessidades do cliente, é importante traduzir essas informações em soluções jurídicas de forma eficaz. Nesse sentido, a venda consultiva exige um profundo conhecimento da legislação e das práticas jurídicas relevantes para cada caso. O advogado consultivo é capaz de articular as vantagens e a permanência de cada opção, educando o cliente sobre as possíveis consequências e apresentando uma estratégia clara.

Outro aspecto fundamental da venda consultiva é a antecipação das necessidades futuras do cliente. Um advogado proativo é capaz de identificar possíveis problemas jurídicos antes mesmo que eles se tornem uma realidade. Isso pode ser alcançado através do monitoramento de mudanças na legislação, análise de tendências do setor e aprofundamento do relacionamento com o cliente. Ao oferecer *insights* valiosos e soluções preventivas, o advogado consultivo se posiciona como um parceiro estratégico a longo prazo.

Além disso, a venda consultiva requer habilidades de comunicação persuasiva. O advogado deve ser capaz de transmitir suas ideias de forma clara e convincente, adaptando sua linguagem e estilo de acordo com o perfil do cliente. É essencial dominar a arte de contar histórias, utilizando exemplos e casos práticos para ilustrar a importância e o impacto de suas soluções. Uma comunicação eficaz não apenas ajuda a influenciar as decisões do cliente, mas também fortalece o vínculo e a confiança mútua.

A venda consultiva envolve a criação de um valor agregado para o cliente, indo além das expectativas. Ao se posicionar como um recurso valioso e confiável, o advogado consultivo se destaca no mercado.

Ao adotar uma mentalidade consultiva e colocar as necessidades do cliente em primeiro lugar, os advogados ficarão no caminho certo para o sucesso e satisfizeram profissionalmente.

Torna-se imperioso ressaltar que a venda consultiva não se trata apenas de um beneficiário. É uma abordagem baseada na reciprocidade, em que ambas as partes envolvidas obtêm vantagens mútuas. Ao compreender as necessidades e expectativas do cliente, o advogado pode oferecer soluções personalizadas que atendem a seus interesses e objetivos. Essa abordagem proativa cria um senso de parceria e colaboração, gerando maior satisfação do cliente e fidelidade a longo prazo.

Para implementar efetivamente uma abordagem consultiva, é necessário adotar uma mentalidade de melhoria constante e aprendizado. Isso envolve buscar *feedback* dos clientes, avaliar os resultados de cada caso e identificar áreas em que é possível aprimorar a qualidade do serviço prestado. A venda consultiva é um processo interativo, em que cada experiência serve como uma oportunidade para aprender, crescer e se adaptar às necessidades em constante evolução dos clientes.

Uma vantagem adicional da venda consultiva é a possibilidade de criar defensores e referências. Clientes satisfeitos e engajados se tornam promotores naturais do advogado, recomendando seus serviços a outros indivíduos e empresas que podem se beneficiar de sua expertise. Essa rede de referências é uma poderosa fonte de novos negócios, permitindo ao advogado expandir sua base de clientes de forma sustentável.

É fundamental ter em mente que a venda consultiva não é uma estratégia que pode ser aplicada de forma genérica. Cada cliente é único, com necessidades e objetivos distintos. Portanto, é essencial adaptar a abordagem consultiva a cada situação, personalizando as soluções propostas e a comunicação com o cliente.

Lembre-se de que a venda consultiva não é apenas sobre técnicas de persuasão, mas também sobre a construção de relacionamentos genuínos e de confiança com os clientes. À medida que avançamos neste livro, você terá a oportunidade de aprimorar suas habilidades e aprofundar sua compreensão sobre como se tornar um advogado consultivo excepcional.

Identificando Necessidades, Apresentando Soluções e Fechando Negócios

Para se tornar um especialista em venda consultiva, é essencial compreender profundamente as necessidades do cliente. Isso requer além da empatia, uma abordagem voltada para a escuta ativa. Ao ouvir atentamente, um advogado de sucesso é capaz de identificar os desafios e preocupações do cliente, criando assim uma base sólida para oferecer soluções adequadas. Essa abordagem vai além do conhecimento jurídico e demonstra um compromisso genuíno em ajudar o cliente a alcançar seus objetivos.

Uma vez que as necessidades do cliente tenham sido identificadas, é hora de apresentar soluções relevantes. Um advogado consultivo compreende que cada caso é único e, portanto, procura adaptar suas recomendações para atender às circunstâncias específicas do cliente. Essa personalização não apenas demonstra expertise, mas também mostra ao cliente que suas preocupações são levadas a sério. Ao apresentar soluções de forma clara e objetiva, um advogado consultivo cria confiança e credibilidade, elementos fundamentais para fechar negócios.

Entretanto, não basta apenas apresentar soluções. Um advogado consultivo também deve ter a habilidade de fechar negócios de forma eficaz. Isso requer uma combinação de persuasão sutil, habilidades de comunicação e um entendimento profundo das necessidades e objetivos do cliente. Um advogado de sucesso é capaz de articular o valor de suas soluções de forma convincente, enfatizando os benefícios que o cliente obterá ao contratar seus serviços. Além disso, é importante lembrar que o fechamento de negócios não se trata apenas de obter uma assinatura no contrato, mas de estabelecer um relacionamento duradouro com o cliente.

Dominar habilidades de comunicação envolve tanto a comunicação verbal quanto a não verbal. Um advogado consultivo deve ser capaz de transmitir suas ideias de forma clara, concisa e persuasiva. Além disso, é essencial prestar atenção aos sinais não verbais do cliente, como linguagem corporal e expressões faciais, para avaliar seu nível de interesse e ajustar a abordagem, se necessário.

A confiança é um elemento fundamental nesse processo. O cliente deve sentir que pode contar com o advogado consultivo em todas as etapas, desde a identificação do problema até a solução final.

Por fim, é essencial ratificar que a venda consultiva não se limita apenas ao momento da venda em si. Trata-se de um processo contínuo que envolve o acompanhamento dos resultados obtidos pelo cliente e o ajuste das soluções, se necessário. Um advogado consultivo de sucesso é capaz de criar relacionamentos de longo prazo, cultivando a lealdade do cliente e garantindo um fluxo constante de negócios no futuro.

Dominar a arte da venda consultiva é uma habilidade valiosa para advogados de sucesso. É uma abordagem que vai além da simples oferta de serviços jurídicos, envolvendo a compreensão das necessidades do cliente, a apresentação de soluções personalizadas e o estabelecimento de relacionamentos de confiança. Ao investir no desenvolvimento dessas habilidades, você estará no caminho certo para se destacar como um advogado de sucesso, capaz de conquistar clientes e fechar negócios de forma eficiente. Lembre-se de que a venda consultiva não é apenas uma técnica, mas uma mentalidade que coloca o cliente no centro de tudo o que você faz.

Capítulo 6
Técnicas Persuasivas
de Negociação para Advogados

A o iniciar este capítulo, é salutar informar que as pessoas não negociarão com você se não acreditarem que pode ajudá-las. Como negociador, seu maior objetivo é entender como pode ajudar, ou até mesmo prejudicar. Portanto, antes de se preparar para uma negociação, responda três perguntas: O que você quer? Por que alguém deve negociar com você? Quais são as suas alternativas? O segredo de uma boa negociação está na clareza das necessidades e dos objetivos das pessoas envolvidas.

Dominar técnicas persuasivas de negociação pode ser a chave para fechar um acordo vantajoso, convencer um júri ou obter a adesão de um cliente relutante. A persuasão, portanto, é uma habilidade essencial para qualquer advogado que almeja ter sucesso. Abordaremos, de forma breve, estratégias que permitirão aos advogados elevar suas habilidades de persuasão a um nível superior.

Compreender a Perspectiva do Outro

Uma das primeiras etapas para se tornar um advogado persuasivo é entender a perspectiva da outra parte envolvida na negociação. Ao compreender seus interesses, necessidades e preocupações, você será capaz de adaptar sua abordagem de forma mais eficaz.

Uma estratégia interessante para compreender a perspectiva do outro é desenvolver um mecanismo para conversar aberta e livremente, liberando ideias e aproveitando as ideias dos outros, sem medo de um compromisso prematuro, pois os compromissos podem ser assumidos em um momento posterior a essa chuva de ideias *(brainstorming)*.

Empatia

A empatia é uma ferramenta poderosa na negociação, pois é a capacidade de se identificar com outra pessoa, de sentir o que ela sente, de querer o que ela quer, de apreender do modo como ela apreende, ou seja, de se colocar em seu lugar. Ao demonstrar compreensão e consideração pelos sentimentos e pontos de vista da outra parte, você estabelece uma conexão emocional que pode abrir portas para a persuasão.

Construção de Rapport

Investir tempo na construção de um *rapport* sólido é fundamental para estabelecer confiança e promover a cooperação entre as partes envolvidas. Ao desenvolver uma conexão harmoniosa e empática, as pessoas criam um ambiente propício para a persuasão e a influência mútua, o que proporciona uma base sólida para a construção de relacionamentos positivos, nos quais as ideias podem ser compartilhadas livremente e a colaboração se torna mais eficaz.

Ao estabelecer um *rapport*, as partes envolvidas demonstram interesse genuíno, escutam ativamente e encontram pontos de conexão comuns. Essa abordagem cria um clima de confiança mútua, no qual as negociações se tornam mais fluidas e as decisões podem ser tomadas de forma mais colaborativa.

Escuta Ativa

A habilidade de ouvir atentamente é fundamental para compreender completamente as necessidades e preocupações da outra parte. Demonstre interesse genuíno e faça perguntas relevantes para aprofundar seu entendimento.

Apresentação de Argumentos Sólidos

Ao apresentar seus argumentos, utilize evidências concretas, dados relevantes e exemplos convincentes. A lógica e a clareza de suas proposições aumentarão sua credibilidade e persuasão.

Storytelling

Contar histórias é uma maneira eficaz de transmitir informações e argumentos de forma envolvente. Ao usar narrativas, você cria uma conexão emocional com o público e facilita a compreensão de conceitos complexos. É por meio delas que o ser humano reúne informações e remete a expectativa de experiências para a memória.

Use histórias para impactar positivamente seu cliente. Assim fica mais fácil a visualização mental, a imaginação, a empatia, a lembrança, a memória e a fixação.

Antecipação de Objecções

Esteja preparado para lidar com possíveis objeções e contra-argumentos. Antecipar as preocupações da outra parte permitirá que você forneça respostas convincentes e demonstre que considerou todos os ângulos da questão.

Utilização de Provas Sociais

As pessoas tendem a seguir o comportamento de outros em situações de incerteza. Ao destacar casos de sucesso anteriores ou depoimentos de clientes satisfeitos, você pode influenciar positivamente a decisão da outra parte.

Uso de Linguagem Positiva

A escolha das palavras certas pode fazer uma grande diferença na persuasão. Utilize uma linguagem positiva e construtiva, evitando termos negativos ou confrontacionais que possam gerar resistência.

Negociação Baseada em Interesses

Ao identificar e articular os interesses compartilhados entre as partes, é possível criar soluções mutuamente benéficas. Concentre-se nos pontos em comum e demonstre que seu objetivo é alcançar um resultado satisfatório para todos os envolvidos. O que existe de mais atual nas negociações é a negociação ganha-ganha.

Controle Emocional

Manter a calma e o controle emocional durante a negociação é fundamental para uma persuasão eficaz. Evite reações impulsivas e mantenha o foco nos objetivos maiores.

Perguntas Poderosas

Faça perguntas que desafiem a outra parte a pensar mais profundamente sobre a situação. Perguntas abertas e provocativas podem abrir espaço para uma reflexão mais ampla e aumentar a disposição para a negociação.

Fazer as perguntas certas é uma habilidade essencial para um advogado durante a negociação. Perguntas estratégicas podem revelar informações valiosas, desafiar suposições e abrir espaço para a exploração de alternativas. Os advogados devem dominar a arte de questionar de forma aprofundada e reflexiva, para obter *insights* e direcionar a negociação de maneira eficaz.

Flexibilidade

Ser flexível em relação a diferentes abordagens e soluções pode ser uma vantagem estratégica na negociação. Esteja disposto a adaptar sua posição e explorar alternativas viáveis para alcançar um acordo.

Foco nos Benefícios

Concentre-se nos benefícios e vantagens que a outra parte obterá ao concordar com suas propostas. Ao comunicar os ganhos potenciais, você despertará o interesse e a motivação necessários para a persuasão.

Utilização de Reciprocidade

A reciprocidade é um poderoso princípio de influência. Ao oferecer benefícios ou concessões, você cria um senso de obrigação na outra parte, aumentando suas chances de persuasão.

Postura e Expressão Corporal

Sua postura e expressões faciais podem transmitir confiança e credibi-lidade. Mantenha uma postura ereta, mantenha contato visual e utilize expressões faciais congruentes com suas palavras.

Respeito e Cortesia

Demonstrar respeito e cortesia em todas as interações é essencial para construir uma relação de confiança. Trate a outra parte com educação e considere seus pontos de vista, mesmo que você discorde deles.

Estabelecimento de Metas Comuns

Definir metas compartilhadas pode alinhar os interesses de ambas as partes, facilitando a persuasão. Demonstre que seu objetivo é encon-trar uma solução que atenda aos interesses mútuos.

Utilização do Silêncio Estratégico

O silêncio pode ser uma ferramenta poderosa na negociação. Ao pau-sar e permitir que a outra parte reflita sobre suas propostas, você au-menta a probabilidade de obter uma resposta favorável.

Concessões Graduais

Ao realizar concessões de forma gradual, você demonstra flexibilida-de e disposição para alcançar um acordo. Conceder pequenas vanta-gens pode ajudar a construir confiança e abrir caminho para conces-sões mútuas.

Reforço Positivo

Reconheça e elogie os esforços e contribuições da outra parte. O re-forço positivo cria um ambiente favorável à colaboração e à persuasão.

Utilização de Fatos Emocionais

Além de fatos e argumentos lógicos, apelar para as emoções pode ser uma estratégia persuasiva eficaz. Apele a valores, preocupações ou aspirações compartilhadas para criar um vínculo emocional.

Criação de Escassez

Ao destacar a escassez de uma oportunidade ou recurso, você pode aumentar a percepção de valor e incentivar a outra parte a agir. Mostre que o tempo ou a oferta é limitado e desperte o senso de urgência.

Acompanhamento Adequado

Após uma negociação, um acompanhamento adequado é fundamental para manter o relacionamento e consolidar os acordos feitos. Envie um e-*mail* de agradecimento, mantenha-se disponível para esclarecimentos e demonstre interesse contínuo na satisfação da outra parte.

Prática Contínua

A persuasão é uma habilidade que pode ser aprimorada com a prática constante. Busque oportunidades para aplicar essas técnicas em situações reais e solicite *feedback* para melhorar ainda mais suas habilidades de negociação.

Ao dominar essas técnicas persuasivas de negociação, os advogados estarão mais preparados para alcançar resultados positivos em suas negociações. A persuasão eficaz não se trata de manipulação, mas sim de criar um ambiente de colaboração e encontrar soluções mutuamente benéficas. Com dedicação e prática, qualquer advogado pode se tornar um negociador persuasivo e bem-sucedido.

Ao compreender a importância de construir relacionamentos positivos, identificar interesses compartilhados e aplicar técnicas persuasivas, você estará preparado para enfrentar qualquer desafio de negociação que surgir em sua carreira como advogado.

Lembre-se de que a negociação é um processo contínuo e em constante evolução. À medida que você adquire mais experiência e conhecimento, estará mais preparado para lidar com situações complexas e alcançar resultados favoráveis para seus clientes.

Continuaremos nossa jornada rumo à excelência nas habilidades de negociação. Esteja pronto para absorver novos conhecimentos e se tornar um negociador ainda mais competente.

Desenvolvendo Habilidades de Negociação Eficazes

Advogados habilidosos na arte da negociação não apenas conseguem obter resultados favoráveis para seus clientes, mas também conseguem construir relacionamentos duradouros e produtivos com outras partes envolvidas no processo. Continuaremos a explorar técnicas persuasivas de negociação que ajudarão advogados a alcançarem resultados poderosos em suas transações.

O Poder da Comunicação

A comunicação é a pedra angular de qualquer negociação bem-sucedida. Um advogado deve ser capaz de articular claramente seus argumentos, ouvir ativamente e compreender as necessidades e interesses das partes envolvidas. Um discurso persuasivo e convincente pode influenciar significativamente o resultado da negociação.

Conhecendo o Outro Lado

Antes de iniciar qualquer negociação, é fundamental que o advogado se informe sobre a outra parte. Pesquisar antecipadamente seus interesses, valores e prioridades ajudará a criar estratégias mais eficazes. Compreender o ponto de vista do oponente permite identificar oportunidades de colaboração e encontrar soluções criativas.

Criando Sinergia

Negociações bem-sucedidas ocorrem quando ambas as partes se sentem valorizadas e envolvidas. A construção de relacionamentos positivos e colaborativos é essencial para estabelecer uma atmosfera propícia à negociação. Encontrar interesses comuns e trabalhar em direção a objetivos compartilhados fortalecerá a parceria e facilitará o alcance de um acordo mutuamente benéfico.

Gerenciando Conflitos

A negociação muitas vezes envolve a gestão de conflitos e divergências de interesses. Um advogado deve estar preparado para lidar com disputas de forma calma e profissional. A habilidade de identificar as causas subjacentes dos conflitos e propor soluções construtivas é fundamental para avançar no processo de negociação.

O Poder do Tempo

A gestão do tempo é um aspecto crítico em qualquer negociação. Advogados devem ser capazes de definir prazos realistas, priorizar tarefas e aproveitar as janelas de oportunidade. Além disso, estar consciente do momento certo para fazer uma oferta, fazer uma concessão ou encerrar a negociação pode influenciar significativamente o resultado.

Quanto a Resistência

Durante uma negociação, é comum encontrar resistência por parte da outra parte. Advogados de sucesso devem estar preparados para lidar com essa resistência de maneira estratégica. Saber como contornar objeções, fornecer soluções alternativas e apresentar argumentos convincentes é essencial para superar a resistência e avançar rumo a um acordo.

A Influência do Poder Persuasivo

A persuasão é uma ferramenta poderosa em qualquer negociação. Um advogado deve ser capaz de construir argumentos sólidos, apresentar evidências relevantes e utilizar técnicas persuasivas para influenciar a outra parte. Dominar as nuances da persuasão pode fazer a diferença entre o sucesso e o fracasso em uma negociação.

Desenvolvendo Alternativas Criativas

Negociações muitas vezes exigem pensamento criativo e flexibilidade. Advogados devem ser capazes de gerar alternativas e explorar diferentes cenários para encontrar soluções mutuamente benéficas. Pensar fora da caixa e estar aberto a abordagens inovadoras podem levar a resultados surpreendentes.

A Importância do Fechamento

O encerramento de uma negociação é tão importante quanto o início. Um advogado deve ser habilidoso em conduzir a negociação para uma conclusão satisfatória, assegurando que todos os aspectos acordados sejam formalizados e registrados de maneira adequada. Um fechamento bem-executado ajuda a consolidar o acordo e estabelecer uma base sólida para futuras colaborações.

Através da comunicação assertiva, compreensão das necessidades da outra parte, criação de sinergia e domínio de técnicas persuasivas, os advogados podem influenciar positivamente o resultado de suas negociações.

Estratégias para Lidar com Objeções e Fechar Acordos Vantajosos

A habilidade de lidar com objeções e fechar acordos vantajosos é uma das características essenciais que diferenciam os advogados de sucesso dos demais. Afinal, não basta apenas ter um conhecimento profundo do direito; é necessário saber persuadir, negociar e conquistar o cliente. Aprenderemos estratégias que permitirão aos advogados enfrentar objeções com confiança, mantendo o controle da negociação e alcançando resultados positivos.

Antes de iniciar qualquer negociação, é fundamental compreender as necessidades, objetivos e preocupações do cliente. Faça perguntas, ouça atentamente e mostre empatia. Essa compreensão profunda permitirá que você ofereça soluções sob medida e ganhe a confiança do cliente.

Seja proativo na identificação das objeções que podem surgir durante a negociação. Ao antecipar e abordar as objeções antes mesmo que sejam apresentadas, você demonstrará domínio do assunto e transmitirá confiança ao cliente.

Encare as objeções como uma chance de fortalecer seu argumento. Ao ouvir uma objeção, analise-a cuidadosamente e encontre maneiras de apresentar informações ou evidências que a refute. Em vez de se sentir desencorajado, veja isso como uma oportunidade para mostrar sua expertise e convencer o cliente.

Embora seja importante ser flexível, é fundamental também saber quais são seus limites. Defina previamente seus objetivos mínimos e máximos para a negociação e esteja preparado para se afastar de um acordo que não atenda às suas expectativas. Ter clareza sobre seus limites evitará que você aceite termos desfavoráveis.

Ao dominar essas técnicas persuasivas de negociação, os advogados estarão preparados para lidar com objeções de forma assertiva e eficaz. Lembre-se de que a persuasão baseada em argumentos sólidos e no entendimento das necessidades do cliente é a chave para fechar acordos vantajosos. A prática constante dessas estratégias permitirá que você se torne um advogado de sucesso, capaz de conquistar a confiança dos clientes e alcançar resultados excepcionais.

Capítulo 7

Acompanhamento Pós-Venda: Criando Relacionamentos Duradouros

O sucesso de um advogado não se mede apenas pela habilidade em fechar negócios, mas também pela capacidade de manter relacionamentos duradouros com os clientes. Neste capítulo, exploraremos a importância do acompanhamento pós-venda e como ele pode ser um diferencial poderoso para advogados de sucesso. Afinal, a construção de relações sólidas e a fidelização dos clientes são essenciais para o crescimento e prosperidade de qualquer escritório de advocacia.

O acompanhamento pós-venda consiste em um conjunto de ações realizadas após a conclusão de um serviço jurídico. Essas ações têm como objetivo fortalecer o relacionamento entre o advogado e o cliente, proporcionando um sentimento de cuidado e atenção contínuos. Ao investir nesse processo, os advogados podem criar uma base sólida para futuras recomendações e novas oportunidades de negócio.

O acompanhamento pós-venda pode ser um diferencial significativo para os advogados de sucesso. Ele demonstra um compromisso com a satisfação do cliente e a resolução de suas necessidades. Além disso, permite que o advogado identifique possíveis problemas ou oportunidades que possam surgir no futuro, garantindo um serviço personalizado e adaptado às necessidades específicas do cliente.

Existem diversas estratégias que os advogados podem adotar para um acompanhamento pós-venda efetivo. Entre elas, destaca-se o envio de *e-mails* personalizados, a realização de ligações periódicas para verificar a satisfação do cliente e oferecer assistência adicional, bem como a organização de eventos de *networking* para manter um contato mais próximo e pessoal com os clientes.

Um aspecto fundamental do acompanhamento pós-venda é a personalização. Cada cliente é único e possui necessidades distintas. Portanto, é essencial que o advogado adapte sua abordagem e comunique-se de maneira personalizada. Isso inclui utilizar o nome do cliente, relembrar detalhes específicos do caso e buscar entender as expectativas e desejos individuais.

O uso de um Sistema de Gerenciamento de Relacionamento com o Cliente (CRM) é uma poderosa ferramenta tecnológica que pode ser aproveitada para acompanhar o pós-venda de forma eficiente. Essa abordagem estratégica permite organizar e monitorar todas as interações com os clientes, proporcionando uma visão integrada e completa do relacionamento.

Essa definição parece complexa, porém, uma simples tabela com o controle cronológico dos chamados, os dados dos prospectos, o status da negociação e as observações necessárias, já é de grande valia.

Além disso, as redes sociais e os blogs desempenham um papel importante ao servirem como canais valiosos para manter contato e compartilhar conteúdo relevante com os clientes. Com o CRM e o uso das mídias sociais, o escritório de advocacia pode fortalecer os laços com seus clientes, melhorar o atendimento pós-venda e fornecer informações úteis para construir relacionamentos duradouros. Certamente uma boa gestão do seu CRM irá contribuir para sua ascensão profissional.

O acompanhamento pós-venda não deve ser encarado apenas como uma obrigação, mas também como uma estratégia de *marketing* poderosa. Clientes satisfeitos e engajados são mais propensos a recomendar os serviços de um advogado a outras pessoas, o que pode resultar em um aumento significativo na carteira de clientes. Portanto, é essencial que os advogados entendam o valor do acompanhamento pós-venda como uma forma de construir uma reputação sólida e atrair novos negócios.

Para avaliar a efetividade do acompanhamento pós-venda, é importante estabelecer indicadores de desempenho. Isso pode ser feito através de pesquisas de satisfação, análise de *feedbacks* e monitoramento do número de recomendações recebidas. Ao medir os resultados, os advogados podem identificar áreas de melhoria e aprimorar suas estratégias de acompanhamento.

Embora o acompanhamento pós-venda seja uma prática valiosa, alguns desafios podem surgir ao longo do caminho. Questões como falta de tempo, concorrência acirrada e a necessidade de equilibrar o atendimento de clientes antigos e novos são comuns. No entanto, com planejamento adequado e priorização, é possível superar esses obstáculos e colher os benefícios do acompanhamento pós-venda.

O acompanhamento pós-venda é uma ferramenta poderosa para advogados de sucesso que desejam construir relacionamentos duradouros com seus clientes. Ao investir nesse processo, os advogados demonstram cuidado, atenção e compromisso com a satisfação do cliente. Além disso, pode gerar oportunidades de negócios adicionais e fortalecer a reputação profissional. Portanto, é essencial que os advogados compreendam a importância dessa prática e adotem estratégias efetivas de acompanhamento para garantir o sucesso a longo prazo.

A Importância do Pós-Venda na Fidelização de Clientes

O sucesso de um advogado não se resume apenas em conquistar novos clientes, mas também em mantê-los satisfeitos e fiéis. Compreender a necessidade de manter um contato contínuo após o encerramento de um caso é essencial para garantir a satisfação do cliente e fortalecer a reputação profissional.

O acompanhamento pós-venda vai além da simples cortesia. Ele é uma estratégia fundamental para o advogado que deseja se destacar em um mercado competitivo e sobrecarregado.

O pós-venda não se limita a enviar um *e-mail* de agradecimento ou realizar uma ligação de acompanhamento. É um processo que envolve entender as expectativas do cliente, identificar possíveis problemas e oferecer soluções adequadas. Trata-se de uma oportunidade de criar um vínculo duradouro, baseado na confiança e na excelência do serviço prestado.

Uma das principais vantagens do acompanhamento pós-venda é a possibilidade de identificar oportunidades para novos negócios. Ao manter um relacionamento próximo com o cliente, o advogado estará sempre atualizado sobre suas necessidades e poderá oferecer serviços complementares ou indicar outros profissionais de confiança.

Para garantir um acompanhamento eficaz, é importante estabelecer uma rotina de comunicação com o cliente. Isso pode incluir reuniões regulares, envio de *newsletters* informativos ou até mesmo a criação de grupos exclusivos para troca de informações e atualizações.

Além disso, é fundamental que o advogado esteja atento aos *feedbacks* dos clientes. Ouvir suas opiniões, sugestões e críticas é uma forma valiosa de aprimorar o serviço prestado e demonstrar o comprometimento com a excelência.

A criação de um programa de fidelidade também pode ser uma estratégia interessante no pós-venda. Oferecer benefícios exclusivos aos clientes fiéis, como descontos em serviços futuros ou acesso a eventos especiais, é uma maneira eficaz de fortalecer os laços e incentivar a recomendação boca a boca.

A personalização é outro elemento-chave no pós-venda. Cada cliente é único e possui necessidades específicas. Adaptar-se a essas necessidades e oferecer um atendimento personalizado demonstra cuidado e atenção, estabelecendo uma relação de confiança e empatia.

Um acompanhamento pós-venda bem-sucedido requer um planejamento estratégico. O advogado deve definir metas claras, estabelecer indicadores de desempenho e acompanhar regularmente os resultados obtidos. Isso permitirá identificar quais ações estão funcionando e quais precisam ser ajustadas.

A honestidade e a transparência são valores fundamentais no pós-venda. O cliente precisa sentir que pode confiar no advogado, tanto durante o processo quanto após sua conclusão. A clareza na comunicação e o cumprimento de prazos são essenciais para manter a credibilidade e a reputação profissional.

É importante ressaltar que o acompanhamento pós-venda não se restringe apenas aos casos vencidos. Mesmo em situações adversas, é fundamental estar presente e oferecer suporte ao cliente. Essa postura demonstra profissionalismo e comprometimento, fortalecendo o relacionamento e gerando confiança mesmo em momentos difíceis.

O pós-venda também é uma oportunidade para agradecer ao cliente pela confiança depositada e pelo tempo dedicado. Um simples gesto de gratidão, como um cartão de agradecimento personalizado, pode fazer toda a diferença na percepção do cliente sobre a qualidade do serviço recebido.

A construção de um relacionamento duradouro com o cliente não se encerra no momento em que o caso é concluído. Pelo contrário, é nesse momento que ele se inicia de fato. O pós-venda é um processo contínuo, que demanda esforço e dedicação constante.

Vale ressaltar que a fidelização de clientes é uma estratégia econômica. É mais barato e mais eficiente manter um cliente satisfeito e fiel do que conquistar novos. Clientes fiéis são mais propensos a indicar o advogado para amigos e familiares, ampliando sua base de clientes de forma orgânica.

A fidelização de clientes também contribui para a construção de uma reputação sólida no mercado. Clientes satisfeitos não apenas retornam, mas também se tornam defensores do advogado, ajudando a fortalecer sua imagem e a conquistar novas oportunidades de negócio.

O acompanhamento pós-venda é uma oportunidade de aprender com o cliente. Ao ouvir suas necessidades e expectativas, o advogado pode identificar áreas de melhoria em seu próprio trabalho e aprimorar sua atuação profissional.

A concorrência no mercado jurídico é acirrada, e a qualidade do serviço muitas vezes não é suficiente para se destacar. É necessário oferecer algo a mais, e o pós-venda pode ser esse diferencial. Ao demonstrar cuidado e preocupação genuínos com o cliente, o advogado estabelece uma conexão emocional que dificilmente será quebrada.

O pós-venda é um investimento no futuro. Ao criar relacionamentos duradouros com os clientes, o advogado está construindo uma base sólida para seu crescimento profissional a longo prazo. Clientes fiéis não apenas retornam, mas também podem se tornar parceiros de negócios e fontes de referências valiosas.

A era digital trouxe consigo novas oportunidades para o acompanhamento pós-venda. Redes sociais, blogs e outras plataformas *online* permitem uma comunicação mais ágil e direta com os clientes. O advogado pode compartilhar conteúdo relevante, tirar dúvidas e manter-se presente na vida do cliente mesmo após a conclusão do caso.

No entanto, é preciso cuidado ao utilizar as ferramentas digitais. A comunicação *online* deve ser feita de forma ética e responsável, respeitando a privacidade do cliente e mantendo a confidencialidade das informações compartilhadas durante o processo.

O acompanhamento pós-venda deve ser encarado como uma oportunidade de criar conexões humanas significativas. Cada interação com o cliente é uma chance de fortalecer o relacionamento e mostrar que o advogado está verdadeiramente comprometido com seu sucesso.

Através de um acompanhamento pós-venda eficiente, o advogado de sucesso não apenas garante a satisfação do cliente, mas também cria uma base sólida para o crescimento de seu escritório. A fidelização de clientes é um investimento valioso que resulta em uma reputação impecável e em uma carreira próspera.

Portanto, ao finalizar um caso, não se esqueça do poder do pós-venda. Mantenha-se presente na vida do cliente, ofereça suporte contínuo e esteja pronto para superar suas expectativas. O acompanhamento pós-venda é a chave para criar relacionamentos duradouros e se tornar um advogado de sucesso no mercado jurídico atual.

Estratégias para Manter
Contato Constante e Gerar Indicações

Acompanhar de perto os seus clientes, mantendo contato constante e construindo um relacionamento sólido, é fundamental para garantir sua satisfação e, consequentemente, gerar indicações valiosas.

Entenda a importância do acompanhamento pós-venda

Ao estabelecer um relacionamento contínuo com seus clientes, você se posiciona como um parceiro confiável e interessado em suas necessidades. Isso fortalece a conexão emocional entre vocês e aumenta a probabilidade de eles lembrarem de você e indicarem seus serviços a outras pessoas.

Personalize sua abordagem

Cada cliente é único, e suas necessidades e preferências variam. Adaptar sua forma de contato e a frequência às preferências individuais de cada cliente demonstra um cuidado genuíno e aumenta a probabilidade de resposta.

Utilize diferentes canais de comunicação

O contato constante pode ocorrer de várias maneiras, como *e-mails* personalizados, telefonemas, mensagens instantâneas ou até mesmo encontros presenciais. A escolha do canal de comunicação deve ser baseada no perfil e preferências do cliente.

Forneça conteúdo relevante e útil

Além de manter contato, é essencial oferecer valor adicional ao seu cliente. Compartilhe artigos, notícias ou *insights* jurídicos relevantes que possam ser úteis para ele. Isso mostra seu conhecimento e interesse em mantê-los atualizados.

Organize eventos exclusivos para clientes

Realizar eventos exclusivos para seus clientes, como *workshops*, palestras ou *happy hours*, cria um ambiente propício para a construção de relacionamentos. Essas ocasiões permitem que seus clientes conheçam uns aos outros e estabeleçam conexões valiosas.

Ofereça benefícios especiais para clientes fiéis

Reconheça e valorize seus clientes fiéis, oferecendo benefícios exclusivos, como descontos em serviços adicionais ou acesso prioritário a eventos. Essa atenção extra demonstra sua gratidão e incentiva-os a permanecerem engajados.

Estabeleça um programa de referências

Incentive seus clientes a indicarem seus serviços a outras pessoas por meio de um programa de referências. Ofereça recompensas ou descontos especiais para os clientes que trouxerem novos negócios.

Crie um newsletter informativo

Um *newsletter* regular é uma ótima maneira de manter contato constante com seus clientes, fornecendo informações valiosas e atualizadas. Certifique-se de que o conteúdo seja relevante e interessante para eles.

Faça uso das redes sociais

As redes sociais oferecem uma plataforma poderosa para se conectar com seus clientes. Esteja presente nas plataformas em que seus clientes estão e compartilhe conteúdo relevante, interaja com eles e esteja atento aos comentários e mensagens recebidas.

Monitore a satisfação do cliente

Além de manter contato, é importante medir a satisfação do cliente. Solicite *feedback* regularmente e esteja aberto a críticas construtivas. Isso demonstra seu compromisso em melhorar constantemente e proporcionar um serviço de qualidade.

Em resumo, manter contato constante com seus clientes após a venda é essencial para criar relacionamentos duradouros e gerar indicações valiosas. Utilize estratégias personalizadas, forneça conteúdo relevante, organize eventos exclusivos e esteja presente nas redes sociais. Ao adotar uma abordagem proativa de acompanhamento pós-venda, você se tornará um advogado de sucesso, construindo uma base sólida de clientes satisfeitos e fiéis, que serão seus maiores defensores e geradores de indicações.

Ao implementar as estratégias apresentadas neste capítulo, você estará no caminho certo para criar relacionamentos duradouros e gerar indicações valiosas. No entanto, para garantir o sucesso contínuo de suas estratégias de vendas, é importante avaliar o desempenho e medir os resultados obtidos. O próximo capítulo abordará o tema das métricas e avaliação de desempenho em vendas jurídicas.

Ao compreender e utilizar métricas adequadas, você será capaz de analisar o impacto de suas estratégias de acompanhamento pós-venda, identificar áreas de melhoria e ajustar suas abordagens de forma eficiente. Você descobrirá como medir o retorno sobre o investimento (ROI) de suas ações, acompanhar o número de indicações geradas, avaliar a satisfação do cliente e muito mais.

Além disso, exploraremos técnicas e ferramentas que podem auxiliá-lo na coleta e análise de dados, fornecendo *insights* valiosos para aprimorar suas práticas de vendas e maximizar os resultados alcançados.

Portanto, vamos para o próximo capítulo, no qual descobriremos como mensurar o sucesso de suas estratégias de vendas jurídicas. Com uma abordagem fundamentada em dados e informações concretas, você estará cada vez mais capacitado para impulsionar seu negócio e alcançar resultados extraordinários.

Capítulo 8
Métricas e Avaliação
de Desempenho em Vendas Jurídicas

Saber avaliar o desempenho das vendas é essencial para o sucesso de qualquer profissional. Através de métricas e análises aprofundadas, é possível identificar oportunidades de crescimento, tomar decisões embasadas e aprimorar estratégias comerciais. Neste capítulo, vamos explorar as métricas mais relevantes para as vendas jurídicas e discutir como avaliar o desempenho de forma eficaz.

As métricas são ferramentas indispensáveis para medir o desempenho e progresso de um advogado no ambiente de vendas. Elas fornecem dados objetivos que permitem uma análise precisa do processo de vendas, identificando pontos fortes e áreas de melhoria.

As métricas quantitativas são facilmente mensuráveis e incluem o número de clientes atendidos, o volume de vendas, a taxa de conversão, entre outros. Esses indicadores fornecem uma visão panorâmica do desempenho geral e ajudam a definir metas realistas.

Além das métricas quantitativas, as métricas qualitativas são igualmente importantes. Elas se concentram na qualidade do relacionamento com o cliente, na satisfação do cliente e na reputação da advocacia. Esses indicadores podem ser medidos por meio de pesquisas de satisfação e *feedback* dos clientes.

A taxa de conversão é uma métrica-chave para as vendas jurídicas. Ela representa a proporção de *prospects* que se tornam clientes efetivos. Ao monitorar essa métrica, é possível identificar gargalos no processo de vendas e implementar melhorias para aumentar a taxa de conversão.

O tempo médio de venda é o intervalo entre o primeiro contato com o cliente em potencial e o fechamento do negócio. Acompanhar essa métrica permite identificar possíveis atrasos ou ineficiências no processo de vendas, proporcionando oportunidades para aprimoramento.

O ticket médio é o valor médio das vendas realizadas por um advogado. Ele pode indicar a eficácia das estratégias de *upsell* e *cross-sell*, bem como identificar a necessidade de revisão de preços.

As estratégias de *upsell* e *cross-sell* são técnicas de vendas que visam aumentar o valor da compra de um cliente. O *upsell* consiste em oferecer ao cliente um produto de maior valor do que aquele que ele originalmente tinha em mente, destacando os benefícios adicionais que esse produto pode proporcionar.

Já o *cross-sell* envolve sugerir produtos complementares ao item que o cliente está adquirindo, visando aprimorar sua experiência ou suprir necessidades relacionadas. Ambas as estratégias têm como objetivo elevar o valor médio das vendas, melhorar a satisfação do cliente e impulsionar a receita do escritório, desde que sejam implementadas de forma ética e personalizada, levando em consideração as preferências e necessidades individuais do cliente.

O custo de aquisição de clientes é a quantidade de recursos financeiros investidos para adquirir um novo cliente. Calcular essa métrica é fundamental para avaliar a eficiência dos esforços de vendas e tomar decisões embasadas em relação ao investimento em *marketing* e prospecção.

O Retorno sobre o investimento (ROI) é uma métrica que indica o retorno financeiro obtido em relação aos investimentos feitos em vendas e *marketing*. Ao analisar o ROI, é possível identificar quais estratégias são mais eficazes e realocar recursos de forma inteligente.

Uma avaliação de desempenho eficaz requer o uso das métricas discutidas anteriormente, juntamente com outros fatores relevantes. É importante ter um sistema estruturado de avaliação que leve em consideração as metas individuais, *feedback* dos clientes e desenvolvimento profissional contínuo.

O *feedback* dos clientes desempenha um papel fundamental na avaliação do desempenho em vendas jurídicas. Solicitar e analisar as opiniões dos clientes permite identificar pontos fortes e áreas de melhoria, além de mostrar o compromisso em fornecer um serviço excepcional.

O treinamento é ferramenta essencial para aprimorar o desempenho de vendas jurídicas. Identificar as necessidades individuais dos advogados e fornecer suporte adequado pode fazer a diferença na conquista de resultados excepcionais.

Estabelecer metas claras e mensuráveis é crucial para avaliar o desempenho em vendas jurídicas. As metas devem ser desafiadoras, porém alcançáveis, e alinhadas com a visão e estratégia de negócios.

A avaliação de desempenho não é um processo pontual. É fundamental realizar um monitoramento contínuo das métricas e indicadores, ajustando estratégias e ações conforme necessário.

A busca pela melhoria contínua é essencial para o sucesso em vendas jurídicas. Ao analisar as métricas e realizar avaliações periódicas, é possível identificar oportunidades de crescimento e implementar mudanças para alcançar resultados cada vez melhores.

Estabelecendo Metas e Métricas para Medir o Sucesso

A definição de metas é essencial para orientar as ações e estratégias de uma equipe de vendas jurídicas. No entanto, para que essas metas sejam eficazes, elas precisam ser específicas, mensuráveis, alcançáveis, relevantes e temporais, ou seja, aderentes ao modelo *SMART*. Esse conceito foi criado em 1981 pelo consultor norte-americano *George T. Doran*, os critérios de uma meta *SMART* segundo a definição original são os seguintes:

S (Específica) – saber o que deve ser alcançado e as ações que serão necessárias para se chegar lá.

M (Mensurável) – ter indicadores para mensurar o progresso da meta.

A (Atribuível) – especificar quem será o responsável pelo alcance da meta.

R (Realista) – definir as metas que podem ser realmente atingidas, levando em consideração os recursos disponíveis da empresa.

T (Temporal) – estabelecer um prazo para alcançar a meta.

Ao estabelecer metas específicas, os advogados têm uma direção clara e sabem exatamente o que precisam alcançar. Além disso, ao tornar essas metas mensuráveis, é possível monitorar o progresso e avaliar o desempenho ao longo do tempo.

Uma vez que as metas sejam estabelecidas, é necessário identificar as métricas adequadas para medir o sucesso na advocacia. As métricas podem variar de acordo com as necessidades e objetivos específicos de cada escritório de advocacia, mas algumas métricas comuns incluem o número de novos clientes, o volume de negócios gerado, a taxa de conversão de *leads* em vendas efetivas e o valor médio das transações. Essas métricas fornecem uma visão objetiva do desempenho das vendas e ajudam a identificar áreas de melhoria e oportunidades de crescimento.

Uma ferramenta fundamental para a avaliação de desempenho em vendas jurídicas é o uso de indicadores-chave de desempenho, também conhecidos como KPIs. Os KPIs são medidas específicas que refletem o desempenho em relação às metas estabelecidas. Ao selecionar os KPIs adequados, os advogados podem monitorar o progresso em tempo real, identificar tendências e tomar decisões estratégicas com base em dados concretos. Os KPIs podem variar de acordo com a área de atuação do escritório de advocacia, mas alguns exemplos comuns incluem o número de consultas agendadas, o tempo médio de fechamento de contratos e o número de clientes satisfeitos.

Além das métricas tradicionais, os advogados de sucesso também estão aproveitando as vantagens das tecnologias modernas para medir o desempenho de vendas jurídicas. O uso de sistemas de gerenciamento de relacionamento com o cliente (CRM) permite que os escritórios de advocacia acompanhem todas as interações com os clientes, identifiquem oportunidades de vendas adicionais e personalizem suas abordagens de acordo com as necessidades individuais dos clientes. Essa abordagem baseada em dados fornece *insights* valiosos e permite que os advogados ajustem suas estratégias de vendas de maneira precisa e eficaz.

Contudo, estabelecer metas e métricas não é suficiente. É fundamental que os escritórios de advocacia promovam uma cultura de acompanhamento e revisão contínuos. Monitorar regularmente o desempenho em relação às metas estabelecidas e realizar análises detalhadas dos resultados ajudará a identificar padrões e tendências, bem como a identificar áreas que precisam ser aprimoradas. Essa abordagem proativa permite que os advogados tomem medidas corretivas rapidamente, maximizando assim a eficiência e a produtividade.

Ademais, é importante lembrar que as metas e métricas estabelecidas devem ser realistas e ajustáveis. À medida que o ambiente jurídico evolui e as circunstâncias mudam, é essencial adaptar as metas e métricas de vendas para garantir que estejam alinhadas com os objetivos em curso. O acompanhamento constante do desempenho e a avaliação regular das metas permitirão que os advogados façam ajustes necessários e identifiquem novas oportunidades à medida que surgirem.

Estabelecer metas e métricas para medir o sucesso na advocacia é um passo fundamental para advogados de sucesso. Através da definição de metas claras e mensuráveis, da escolha de métricas adequadas e do uso estratégico de KPIs e tecnologia, os escritórios de advocacia podem melhorar sua eficiência, aumentar sua lucratividade e garantir um crescimento sustentável. Ao adotar uma abordagem baseada em dados e análises, os advogados estarão posicionados para se destacar no competitivo mundo das vendas jurídicas e alcançar o sucesso duradouro.

Avaliando o Desempenho e Realizando Ajustes Estratégicos

A importância de avaliar o desempenho nas vendas jurídicas não pode ser subestimada. Como advogados de sucesso, vocês estão constantemente em busca de novos clientes e oportunidades de negócio. No entanto, para garantir resultados consistentes e sustentáveis, é essencial monitorar e analisar seu desempenho de vendas de forma estratégica.

A primeira etapa para avaliar o desempenho nas vendas jurídicas é identificar as métricas apropriadas. Cada escritório de advocacia tem suas próprias metas e objetivos, portanto, é importante adaptar as métricas às suas necessidades específicas. Alguns exemplos comuns incluem o número de *leads* gerados, a taxa de conversão de *leads* em clientes, o valor médio dos contratos fechados e o tempo médio de ciclo de vendas. Essas métricas fornecem uma visão abrangente do desempenho de vendas e podem revelar áreas de melhoria e oportunidades de crescimento.

Uma vez que as métricas-chave tenham sido identificadas, é hora de coletar os dados relevantes. Os sistemas de gerenciamento de relacionamento com o cliente (CRM) desempenham um papel fundamental nesse processo, permitindo que vocês acompanhem e registrem informações sobre seus contatos e transações. Utilizar um CRM eficiente ajudará vocês a obter dados precisos e atualizados, fornecendo uma base sólida para a avaliação do desempenho.

Com os dados em mãos, é hora de analisar e interpretar os resultados. Um aspecto crucial dessa análise é comparar o desempenho atual com metas e *benchmarks* anteriores. Isso permitirá que vocês identifiquem tendências, reconheçam padrões e determinem se estão no caminho certo para alcançar seus objetivos. Além disso, ao comparar seu desempenho com o de outros escritórios de advocacia de sucesso, vocês poderão identificar áreas de excelência e oportunidades de aprimoramento.

Uma abordagem eficaz para a avaliação de desempenho é a utilização de relatórios periódicos. Esses relatórios fornecerão uma visão clara do desempenho individual e da equipe, permitindo que vocês identifiquem pontos fortes e áreas de desenvolvimento. Com base nesses *insights*, é possível fornecer treinamento adicional, atribuir responsabilidades específicas e realizar ajustes estratégicos para maximizar os resultados.

No entanto, a avaliação do desempenho não deve se limitar apenas às métricas quantitativas. É igualmente importante considerar aspectos qualitativos, como a qualidade do atendimento ao cliente e a satisfação dos clientes. Uma estratégia de vendas jurídicas de sucesso vai além de fechar contratos; envolve construir relacionamentos de confiança e fornecer um serviço excepcional. Ao incorporar esses aspectos na avaliação de desempenho, vocês poderão garantir que estão oferecendo um valor excepcional aos seus clientes e fortalecendo sua reputação no mercado.

Uma vez que a avaliação do desempenho tenha sido concluída, é hora de realizar os ajustes estratégicos necessários. Com base nos *insights* obtidos, vocês podem identificar áreas de melhoria e desenvolver um plano de ação para aprimorar seu desempenho de vendas. Isso pode envolver a implementação de treinamentos específicos, a redefinição de metas e objetivos, ou até mesmo a adoção de novas abordagens de *marketing* e prospecção de clientes.

No entanto, lembrem-se de que a avaliação de desempenho e os ajustes estratégicos não são processos estáticos. À medida que o mercado e as necessidades dos clientes evoluem, vocês também devem estar dispostos a ajustar suas estratégias de vendas. A flexibilidade e a adaptabilidade são essenciais para o sucesso contínuo. Portanto, revisem regularmente suas métricas, avaliem o desempenho e estejam abertos a ajustes conforme necessário.

Em resumo, avaliar o desempenho nas vendas jurídicas é fundamental para o sucesso de advogados empreendedores. Identificar as métricas-chave, coletar dados precisos, analisar resultados, considerar aspectos qualitativos e realizar ajustes estratégicos são passos cruciais nesse processo. Ao adotar uma abordagem sistemática para a avaliação de desempenho, vocês estarão preparados para otimizar suas estratégias de vendas, alcançar resultados consistentes e impulsionar seu sucesso como advogados de destaque.

Capítulo 9
Ética na Venda Jurídica:
Cumprindo o Código de Ética da OAB

A profissão de advogado é pautada em princípios nobres, como a busca pela justiça e a defesa dos direitos dos cidadãos. No entanto, assim como em qualquer área, a atividade advocatícia também está sujeita a tentações e desvios que podem comprometer a integridade do profissional. É por isso que a Ordem dos Advogados do Brasil (OAB) estabelece limitações impostas pelo Estatuto da Advocacia, pelo Regulamento Geral, pelo Código de Ética e Disciplina e por seus Provimentos, cujo objetivo principal é garantir que a venda de serviços jurídicos seja exercida de forma ética e responsável.

Esse arcabouço proíbe a mercantilização porque reconhece que a advocacia não é uma mera atividade comercial, regida exclusivamente pela busca pelo lucro. O exercício da advocacia requer sensibilidade, compromisso social e um profundo respeito pela dignidade humana. A mercantilização descontrolada dos serviços jurídicos tende a transformar o advogado em um mero vendedor, preocupado apenas com o resultado financeiro, sem considerar os valores essenciais que norteiam a profissão. Além disso, ao proibir a mercantilização, o código de ética busca evitar que a advocacia se torne um mercado competitivo desleal, onde prevaleçam apenas os interesses econômicos em detrimento da justiça e da ética.

Apesar dessa limitação, o advogado pode e deve vender seus serviços de forma ética. A venda de serviços jurídicos não deve ser entendida como uma simples transação comercial, mas sim como uma oportunidade de estabelecer uma relação de confiança com o cliente, baseada no respeito mútuo e na busca pelo melhor interesse do cliente.

Nesse sentido, o advogado deve apresentar de forma clara e transparente as suas habilidades, experiências e honorários, informando ao cliente sobre os possíveis resultados do caso e os prazos envolvidos.

O causídico deve sempre agir com integridade e respeitar as diretrizes impostas pela OAB. O primeiro passo é conhecer profundamente as normas e princípios éticos que regem a profissão, de forma a aplicá-los em todas as suas atividades sem receio. Além disso, o advogado deve sempre priorizar a transparência, fornecendo informações claras e precisas ao cliente, evitando promessas exageradas ou enganosas.

É fundamental que o advogado evite qualquer forma de captação indevida de clientes, como o uso de publicidade sensacionalista, promoção de concursos ou sorteios, ou a oferta de serviços gratuitos sem uma finalidade social relevante. A captação indevida de clientes fere os princípios éticos da profissão, pois coloca os interesses financeiros acima da qualidade do serviço prestado e da relação de confiança com o cliente.

Além disso, o advogado deve estar atento às regras de sigilo profissional, protegendo as informações confidenciais dos clientes e evitando qualquer forma de divulgação não autorizada. A venda de serviços jurídicos requer o estabelecimento de um ambiente de confiança mútua, onde o cliente se sinta seguro em compartilhar suas informações mais íntimas e pessoais.

Não menos importante, os honorários advocatícios devem ser fixados de forma justa, considerando a complexidade do caso, o tempo dedicado, os custos envolvidos e a capacidade financeira do cliente. É importante evitar a cobrança de valores exorbitantes ou de honorários meramente simbólicos, que possam comprometer a dignidade da profissão.

Ao cumprir as regras estabelecidas pela OAB, o advogado não apenas assegura a sua conduta ética, mas também fortalece a imagem da profissão e contribui para a construção de uma sociedade mais justa e igualitária. A ética na venda jurídica é um pilar fundamental para advogados de sucesso, que compreendem a importância de conciliar a sua atividade com os valores éticos e humanitários que fundamentam a advocacia.

Explorando as Restrições Relacionadas à Mercantilização dos Serviços Jurídicos

No mundo cada vez mais competitivo da advocacia moderna, os advogados enfrentam desafios sem precedentes na busca por clientes e no crescimento de seus negócios. A necessidade de se destacar no mercado e atrair novos casos muitas vezes leva a uma busca incansável por estratégias de *marketing* que não firam as normas da OAB.

A profissão jurídica traz consigo uma série de restrições éticas relacionadas à mercantilização dos serviços, porém, o *marketing* jurídico, incluindo a utilização de anúncios pagos, não são proibidos, pelo contrário, o artigo 1º do Provimento n° 205/2021, que dispõe sobre a publicidade e a informação da advocacia dispõe que: *"É permitido o marketing jurídico, dede que exercido de forma compatível com os preceitos éticos e respeitadas as limitações impostas..."*.

Como vimos, a publicidade jurídica é permitida e deve ser conduzida com cautela. É fundamental que as estratégias de *marketing* sejam informativas e não enganosas. O advogado deve fornecer informações verdadeiras sobre sua experiência e áreas de atuação, evitando qualquer exagero ou afirmações falsas. A publicidade também não deve criar uma imagem negativa da profissão.

A OAB estabelece diretrizes claras para garantir que os advogados exerçam suas atividades dentro dos limites éticos. É necessário compreender que a venda jurídica não deve ser encarada como uma transação comercial comum, mas sim como um serviço especializado que requer responsabilidade e integridade e, claro capacitação.

Um dos princípios mais importantes do Código de Ética da OAB é o dever de sigilo profissional. Os advogados são guardiões dos segredos de seus clientes e devem proteger informações confidenciais a todo custo. No contexto das vendas, isso significa que é fundamental evitar qualquer forma de divulgação inadequada de casos anteriores ou de informações sensíveis. O foco deve estar na comunicação clara e eficaz dos benefícios e soluções que o advogado pode oferecer sem revelar detalhes comprometedores.

Outro aspecto crucial é o conflito de interesses. Os advogados devem evitar situações em que haja um potencial conflito entre os interesses de diferentes clientes. Ao abordar clientes em potencial, é importante realizar uma análise cuidadosa para garantir que não existam conflitos de interesse que possam comprometer a integridade do advogado. A transparência nesse processo é fundamental para construir a confiança do cliente e demonstrar o compromisso ético do advogado.

No contexto da venda jurídica, é essencial que os advogados também evitem práticas de precificação inadequadas. É fundamental que os preços sejam justos e razoáveis, sempre considerando a tabela de preços da OAB, juntamente com fatores como a complexidade do caso, o tempo dedicado e os resultados esperados. Os advogados devem sempre fornecer uma explicação clara e transparente sobre a estrutura de preços e garantir que não haja exploração do cliente.

A venda jurídica eficaz é possível. Para tanto, é necessário adotar abordagens que priorizem a transparência, a comunicação clara e a responsabilidade. Os advogados devem buscar entender as necessidades dos clientes e oferecer soluções jurídicas de forma ética e eficiente. É fundamental construir relacionamentos duradouros baseados na confiança e no respeito mútuo.

A educação jurídica desempenha um papel fundamental nesse processo. Advogados que estão bem-informados sobre as restrições éticas e compreendem a importância de cumpri-las têm uma vantagem significativa. A busca contínua por atualização e aprofundamento de tais práticas são essenciais para manter a excelência profissional.

Em resumo, a venda de serviços jurídicos poderosos para advogados de sucesso exige o cumprimento dos preceitos éticos da classe, ou seja, podem oferecer seus serviços de forma responsável, respeitando os princípios fundamentais da profissão. A ética na venda jurídica não é apenas uma exigência profissional, mas também uma forma de construir uma reputação sólida e conquistar a confiança dos clientes. Ao combinar habilidades de vendas eficazes com uma base ética sólida, os advogados estão preparados para alcançar o sucesso sustentável em sua prática jurídica.

Evitando Práticas que Possam ser Consideradas Captação Indevida de Clientes

A ética é um pilar fundamental no exercício da advocacia, e a venda jurídica não é uma exceção. Advogados de sucesso compreendem a importância de agir de acordo com as normas estabelecidas pelas regras impostas da Ordem dos Advogados do Brasil.

A captação indevida de clientes é um tema sensível e estritamente regulado. A OAB estabelece diretrizes claras para evitar práticas que possam ser consideradas captação indevida.

Uma das principais recomendações é evitar qualquer forma de oferecimento de serviços jurídicos de maneira inoportuna, intempestiva ou invasiva. Isso significa que o advogado deve evitar abordar potenciais clientes de forma agressiva ou não solicitada.

O *marketing* jurídico deve ser realizado de acordo com as normas. Evite promessas vazias, sensacionalismo ou qualquer tipo de publicidade enganosa que possa prejudicar a confiança do público na sua atuação.

É fundamental respeitar a privacidade e a confidencialidade dos clientes em potencial. Evite utilizar informações privilegiadas ou confidenciais para promover seus serviços. A discrição é um atributo valioso na advocacia.

Outra prática a ser evitada é a divulgação de valores ou honorários de forma genérica. É recomendável fornecer uma estimativa apenas após uma análise aprofundada do caso e considerando os parâmetros estabelecidos pela OAB.

Seja transparente e honesto em todas as interações com potenciais clientes. Evite fazer declarações ou dar conselhos infundados. A confiança é conquistada por meio da credibilidade e da demonstração de competência.

Evite fazer comparações depreciativas com outros profissionais ou escritórios de advocacia. A competição saudável é bem-vinda, mas denegrir a imagem de colegas de profissão não é ético nem profissional.

Uma prática comum que deve ser evitada é a criação de expectativas irreais nos clientes em potencial. Seja honesto sobre as possibilidades de sucesso, bem como sobre os desafios e riscos envolvidos no caso.

É importante lembrar que o advogado é um agente do cliente e não deve buscar benefícios próprios em detrimento dos interesses do cliente. Evite conflitos de interesse e mantenha sempre sua integralidade.

Evite utilizar táticas de venda agressivas ou persuasivas que possam coagir os clientes em potencial a contratar seus serviços. O consentimento informado e livre é essencial para estabelecer uma relação de confiança.

A prática de encaminhar ou intermediar casos para outros advogados, sem o conhecimento e a autorização dos clientes, é considerada antiética. Sempre obtenha o consentimento prévio das partes envolvidas, importante documentar.

O sigilo profissional é uma obrigação fundamental para os advogados. Evite compartilhar informações confidenciais ou utilizar casos anteriores como exemplo sem o consentimento expresso dos clientes.

É importante também evitar qualquer prática que possa denegrir a imagem da advocacia como um todo. A reputação da profissão depende do comportamento de cada advogado.

Ao lidar com publicações em mídias sociais ou outras formas de comunicação *online*, evite comentários ofensivos, difamatórios ou desrespeitosos em relação a colegas, clientes ou terceiros. Mantenha sempre a cordialidade e o profissionalismo.

A formação de parcerias e a indicação de outros profissionais é permitida, desde que seja feita de forma transparente, respeitando a autonomia do cliente e sem o objetivo de obter benefícios pessoais.

Tenha em mente que a publicidade de serviços jurídicos deve ser discreta e respeitar os padrões éticos estabelecidos pela OAB. Evite qualquer forma de sensacionalismo ou promoção exagerada.

Evite práticas que possam prejudicar a imagem da Justiça, como a utilização de estratégias que visem a atrasar ou prolongar processos desnecessariamente, apenas com o objetivo de obter vantagens financeiras.

É essencial evitar qualquer prática que viole os princípios básicos da honestidade, integridade e lealdade no relacionamento com os clientes. Seja sempre transparente e cumpra com as expectativas criadas.

A responsabilidade do advogado em relação ao cliente não se encerra no momento da contratação. Evite abandonar casos sem justa causa ou sem oferecer alternativas adequadas ao cliente.

Ao oferecer serviços gratuitos, como consultas iniciais, evite criar a expectativa de que todo o trabalho será realizado sem custo. Estabeleça claramente as condições e limitações dessa prestação de serviço.

Evite envolver-se em práticas que possam caracterizar o plágio ou a apropriação indevida de obras intelectuais de terceiros, incluindo conteúdo para divulgação ou publicação.

Esteja sempre atualizado em relação as normas aplicáveis à profissão. A ética é um valor em constante evolução, e é responsabilidade do advogado manter-se informado e em conformidade.

Por fim, lembre-se de que a venda jurídica poderosa não se baseia em práticas antiéticas ou captação indevida de clientes. Ao contrário, ela é construída sobre a confiança, a competência e a excelência no exercício da advocacia.

Ao seguir as normas estabelecidas pela OAB, você estará não apenas evitando problemas legais e éticos, mas também construindo uma reputação sólida e duradoura como advogado de sucesso. Acredite no poder da ética e da excelência profissional como a base para o seu crescimento e o sucesso de sua carreira jurídica.

Capítulo 10
O Futuro das Vendas para Advogados de Sucesso

Como você pode perceber nas linhas anteriores deste livro, o futuro das vendas para advogados de sucesso é desafiador, porém, oferece um potencial de crescimento na carreira incomparável. Aqueles profissionais que buscam conhecimento, como através da leitura deste livro, e aplicam esse conhecimento, inevitavelmente alcançarão um sucesso sem precedentes.

Agora chegamos ao fim desta jornada de aprendizado sobre vendas poderosas para advogados de sucesso. É essencial refletir sobre o futuro dessa área e como os profissionais do direito podem se adaptar às mudanças iminentes. O mundo dos negócios está em constante evolução, impulsionado pelo avanço da tecnologia e pela transformação digital. Os advogados não estão imunes a essas mudanças e precisam se preparar para enfrentar desafios e aproveitar as oportunidades que o futuro reserva.

Uma das principais tendências que moldam o futuro das vendas para advogados é a crescente importância da presença *online*. Cada vez mais pessoas buscam informações e serviços jurídicos na internet, o que torna fundamental que os advogados tenham uma forte presença digital. Estratégias como a criação de um *website* atraente e otimizado para mecanismos de busca, a produção de conteúdo relevante e o engajamento nas redes sociais são essenciais para atrair potenciais clientes. Além disso, a utilização de *chatbots* e inteligência artificial para o atendimento ao cliente pode otimizar o processo de vendas, proporcionando uma experiência mais ágil e conveniente.

Outra tendência importante é a personalização das vendas. Os clientes estão cada vez mais exigentes e procuram serviços jurídicos que atendam às suas necessidades específicas. Os advogados de sucesso serão aqueles capazes de compreender os desafios e demandas individuais de cada cliente, adaptando suas abordagens de vendas de acordo com isso. A personalização também envolve o estabelecimento de relacionamentos duradouros com os clientes, construindo confiança e fidelidade ao longo do tempo.

A tecnologia continuará a desempenhar um papel fundamental nas vendas para advogados de sucesso. A inteligência artificial e a automação estão se tornando cada vez mais presentes em várias áreas do direito, e os advogados precisam estar preparados para incorporar essas ferramentas em suas práticas, caso contrário, serão substituídos por outros profissionais que o façam. A análise de dados também desempenhará um papel crucial, permitindo que os advogados identifiquem tendências e tomem decisões embasadas em informações concretas.

É importante ressaltar que, apesar de todas as mudanças tecnológicas, o fator humano ainda é fundamental nas vendas para advogados de sucesso. A empatia, a capacidade de comunicação eficaz e o estabelecimento de conexões emocionais continuam sendo elementos essenciais para conquistar e manter clientes. Mesmo com toda a automação e digitalização, os advogados devem lembrar-se de que estão lidando com pessoas e que o aspecto humano é insubstituível.

À medida que o futuro se aproxima, os advogados de sucesso devem se manter atualizados sobre as tendências e as mudanças em seu campo de atuação. A educação contínua e o desenvolvimento profissional serão essenciais para acompanhar o ritmo acelerado das transformações. Participar de cursos, conferências e *workshops* relacionados a vendas, *marketing* e tecnologia jurídica pode fornecer *insights* valiosos e abrir novas oportunidades.

Em resumo, as vendas para advogados de sucesso estão evoluindo rapidamente e exigem uma abordagem adaptativa. Os profissionais do direito devem estar dispostos a explorar novas estratégias, aproveitar as vantagens da tecnologia e investir no aprimoramento de suas habilidades. O futuro pertence àqueles que são capazes de se adaptar e se destacar em um cenário de vendas em constante transformação. Ao abraçar essas mudanças, os advogados de sucesso estarão preparados para enfrentar desafios e aproveitar as oportunidades que estão por vir.

Dê as boas-vindas ao futuro e torne-se um advogado de sucesso, dominando estratégias modernas e acelerando sua promissora carreira.

Referências Bibliográficas

Bíblia Sagrada. Nova Tradução na Linguagem de Hoje. Sociedade Bíblica do Brasil: 1ª Ed. 2010.

BERNI, Camila. **Gestão de Escritório de Advocacia: o modelo de excelência da Disney aplicado para à advocacia para encantar clientes e aumentar os resultados financeiros**. 2ª Ed. Florianópolis: Empório do Direito, 2017.

PEPE, Elaine. **Negociações Espetaculares**. *Harvard Business School Press*; tradução de Elaine Pepe – Rio de Janeiro: Elsevier, 2004.

AGUIAR, Victor. **Atendimento na era 4.0: como criar a melhor experiência para o seu cliente**. 1ª Ed. Curitiba: Appris, 2020.

BLOUNT, Jeb. **Inteligência Emocional em Vendas: como os super-vendedores utilizam a inteligência emocional para fechar mais negócios**. 1ª Ed. Autêntica Business, 2018.

GITOMER, Jeffrey. **A Bíblia de Vendas**. Edição padrão. M. Books; Revista e atualizada. 2010.